Gustave Le Bon

# Lois psychologiques de l'évolution des peuples

*essai*

ISBN : 978-1514811979


10  9  8  7  6  5  4  3  2  1

Gustave Le Bon

# Lois psychologiques de l'évolution des peuples

*essai*

# Table de Matières

A MON SAVANT AMI

CHARLES RICHET
Professeur de physiologie à la Faculté de médecine le Paris
Directeur de la Revue scientifique.

En souvenir très reconnaissant pour l'hospitalité libre
et sans limites qu'il m'a offerte dans sa Revue.

Gustave Le Bon

# INTRODUCTION

## LES IDÉES ÉGALITAIRES MODERNES ET LES BASES PSYCHOLOGIQUES DE L'HISTOIRE

*Naissance et développement de l'idée égalitaire. — Les consé-*
*quences qu'elle a produites. — Ce qu'a déjà coûté son application.*
*— Son influence actuelle sur les foules. — Problèmes abordés dans*
*cet ouvrage. — Recherche des facteurs principaux de l'évolution gé-*
*nérale des peuples. — Cette évolution dérive-t-elle des institutions ?*
*— Les éléments de chaque civilisation : institutions, arts, croyances,*
*etc., n'auraient-ils pas certains fondements psychologiques spéciaux*
*à chaque peuple ? — Les hasards de l'histoire et les lois permanentes.*

La civilisation d'un peuple repose sur un petit nombre d'idées
fondamentales. De ces idées dérivent ses institutions, sa littérature et ses arts. Très lentes à se former, elles sont très lentes aussi
à disparaître. Devenues depuis longtemps des erreurs évidentes
pour les esprits instruits, elles restent pour les foules des vérités
indiscutables et poursuivent leur œuvre dans les masses profondes
des nations. S'il est difficile d'imposer une idée nouvelle, il ne l'est
pas moins de détruire une idée ancienne. L'humanité s'est toujours
cramponnée désespérément aux idées mortes et aux dieux morts.

Il y a un siècle et demi à peine que des philosophes, fort ignorants d'ailleurs de l'histoire primitive de l'homme, des variations
de sa constitution mentale et des lois de l'hérédité, ont lancé dans
le monde l'idée de l'égalité des individus et des races.

Très séduisante pour les foules, cette idée finit par se fixer solidement dans leur esprit et porta bientôt ses fruits. Elle a ébranlé les
bases des vieilles sociétés, engendré la plus formidable des révolutions, et jeté le monde occidental dans une série de convulsions
violentes dont le terme est impossible à prévoir.

Sans doute, certaines des inégalités qui séparent les individus
et les races étaient trop apparentes pour pouvoir être sérieusement contestées ; mais on se persuada aisément que ces inégalités n'étaient que les conséquences des différences d'éducation, que
tous les hommes naissent également intelligents et bons, et que les

institutions seules avaient pu les pervertir. Le remède était dès lors très simple : refaire les institutions et donner à tous les hommes une instruction identique. C'est ainsi que les institutions et l'instruction ont fini par devenir les grandes panacées des démocraties modernes, le moyen de remédier à des inégalités choquantes pour les immortels principes qui sont les dernières divinités d'aujourd'hui.

Certes, une science plus avancée a prouvé la vanité des théories égalitaires et montré que l'abîme mental, créé par le passé entre les individus et les races, ne pourrait être comblé que par des accumulations héréditaires fort lentes. La psychologie moderne, à côté des dures leçons de l'expérience, a montré que les institutions et l'éducation qui conviennent à certains individus et à certains peuples sont fort nuisibles à d'autres, Mais il n'est pas au pouvoir des philosophes d'anéantir les idées lancées dans le monde, le jour où ils reconnaissent qu'elles sont erronées. Comme le fleuve débordé qu'aucune digue ne saurait contenir, l'idée poursuit sa course dévastatrice, et rien n'en ralentit le cours.

Cette notion chimérique de l'égalité des hommes qui a bouleversé le monde, suscité en Europe une révolution gigantesque, lancé l'Amérique dans la sanglante guerre de sécession et conduit toutes les colonies française à un état de lamentable décadence, il n'est pas un psychologue, pas un voyageur, pas un homme d'État un peu instruit, qui ne sache combien elle est erronée ; et pourtant il en est bien peu qui ose la combattre.

Loin d'ailleurs d'être entrée dans une phase de déclin, l'idée égalitaire continue à grandir encore. C'est en son nom que le socialisme, qui semble devoir asservir bientôt la plupart des peuples de l'Occident, prétend assurer leur bonheur. C'est en son nom que la femme moderne, oubliant les différences mentales profondes qui la séparent de l'homme, réclame les mêmes droits, la même instruction que lui et finira, si elle triomphe, par faire de l'Européen un nomade sans foyer ni famille.

Des bouleversements politiques et sociaux que les principes égalitaires ont engendrés, de ceux beaucoup plus graves qu'ils sont destinés à engendrer encore, les peuples ne se soucient guère, et la vie politique des hommes d'État est aujourd'hui trop courte pour qu'ils s'en soucient davantage. L'opinion publique est d'ailleurs devenue maîtresse souveraine, et il serait impossible de ne pas la suivre.

L'importance sociale d'une idée n'a d'autre mesure réelle que la puissance qu'elle exerce sur les âmes. Le degré de vérité ou d'erreur qu'elle comporte ne saurait avoir d'intérêt qu'au point de vue philosophique. Quand une idée vraie ou fausse est passée chez les foules à l'état de sentiment, toutes les conséquences qui en découlent doivent être successivement subies.

C'est donc au moyen de l'instruction et des institutions que le rêve égalitaire moderne tente de s'accomplir. C'est grâce à elles que, réformant les injustes lois de la nature, nous essayons de couler dans le même moule les cerveaux des nègres de la Martinique, de la Guadeloupe et du Sénégal, ceux des Arabes de l'Algérie et enfin ceux des Asiatiques. C'est là sans doute une bien irréalisable chimère, mais l'expérience seule peut montrer le danger des chimères. La raison ne saurait transformer les convictions des hommes.

Cet ouvrage a pour but de décrire les caractères psychologiques qui constituent l'âme des races et de montrer comment l'histoire d'un peuple et sa civilisation dérivent de ces caractères. Laissant de côté les détails, ou ne les envisageant que quand ils seront indispensables pour démontrer les principes exposés, nous examinerons la formation et la constitution mentale des races historiques, c'est-à-dire des races artificielles formées depuis les temps historiques par les hasards des conquêtes, des immigrations ou des changements politiques, et nous tâcherons de démontrer que de cette constitution mentale découle leur histoire. Nous constaterons le degré de fixité et de variabilité des caractères des races. Nous essaierons de découvrir si les individus et les peuples marchent vers l'égalité ou tendent au contraire à se différencier de plus en plus. Nous rechercherons ensuite si les éléments dont se compose une civilisation : arts, institutions, croyances, ne sont pas les manifestations directes de l'âme des races, et ne peuvent pour cette raison passer d'un peuple à un autre. Nous terminerons enfin en tâchant de déterminer sous l'influence de quelles nécessités les civilisations pâlissent, puis s'éteignent. Ce sont des problèmes que nous avons longuement traités dans divers ouvrages sur les civilisations de l'Orient. Ce petit volume doit être considéré simplement comme une brève synthèse.

Ce qui m'est resté de plus clair dans l'esprit, après de lointains voyages dans les pays les plus divers, c'est que chaque peuple possède une constitution mentale aussi fixe que ses caractères anatomiques, et d'où ses sentiments, ses pensées, ses institutions, ses croyances et ses arts dérivent. Tocqueville et d'autres penseurs illustres ont cru trouver dans les institutions des peuples la cause de leur évolution. Je suis persuadé au contraire, et j'espère prouver, en prenant précisément des exemples dans les pays qu'a étudiés Tocqueville, que les institutions ont sur l'évolution des civilisations une importance extrêmement faible. Elles sont le plus souvent des effets, et bien rarement des causes.

Sans doute l'histoire des peuples est déterminée par des facteurs fort divers. Elle est pleine de cas particuliers, d'accidents qui ont été et qui auraient pu ne pas être. Mais à côté de ces hasards, de ces circonstances accidentelles, il y a de grandes lois permanentes qui dirigent la marche générale de chaque civilisation. De ces lois permanentes, les plus générales, les plus irréductibles découlent de la constitution mentale des races. La vie d'un peuple, ses institutions, ses croyances et ses arts ne sont que la trame visible de son âme invisible, Pour qu'un peuple transforme ses institutions, ses croyances et ses arts, il lui faut d'abord transformer son âme ; pour qu'il pût léguer à un autre sa civilisation, il faudrait qu'il pût lui léguer aussi son âme. Ce n'est pas là sans doute ce que nous dit l'histoire ; mais nous montrerons aisément qu'en enregistrant des assertions contraires elle s'est laissé tromper par de vaines apparences.

Les réformateurs qui se succèdent depuis un siècle ont essayé de tout changer : les dieux, le sol et les hommes. Sur les caractères séculaires de l'âme des races que le temps a fixés, ils n'ont rien pu encore.

La conception des différences irréductibles qui séparent les êtres est tout à fait contraire aux idées des socialistes modernes, mais ce ne sont pas les enseignements de la science qui pourraient faire renoncer à des chimères les apôtres d'un nouveau dogme. Leurs tentatives représentent une phase nouvelle de l'éternelle croisade de l'humanité à la conquête du bonheur, ce trésor des Hespérides que depuis l'aurore de l'histoire les peuples ont poursuivi toujours. Les rêves égalitaires ne vaudraient pas moins peut-être que les vieilles illusions qui nous menaient jadis, s'ils ne devaient se heurter bientôt au roc inébranlable des inégalités naturelles. Avec la vieillesse et la mort ces inégalités font partie des iniquités apparentes dont la nature est pleine et que l'homme doit subir.

# LIVRE PREMIER

## LES CARACTÈRES PSYCHOLOGIQUES DES RACES

### CHAPITRE PREMIER
### L'ÂME DES RACES

*Comment les naturalistes classent les espèces. — Application à l'homme de leurs méthodes. — Côté défectueux des classifications actuelles des races humaines. — Fondements d'une classification psychologique. — Les types moyens des races. — Comment l'observation permet de les constituer. — Facteurs physiologiques qui déterminent le type moyen d'une race.— L'influence des ancêtres et celle des parents immédiats. — Fond psychologique commun que possèdent tous les individus d'une race. — immense influence des générations éteintes sur les générations actuelles. — Raisons mathématiques de cette influence. — Comment l'âme collective s'est étendue de la famille au village, à la cité et à la province. Avantages et dangers de la conception de la cité. — Circonstances dans lesquelles la formation de l'âme collective cet impossible. — Exemple de l'Italie. — Comment les races naturelles ont fait place aux races historiques.*

Les naturalistes font reposer leur classification des espèces sur la constatation de certains caractères anatomiques se reproduisant par l'hérédité avec régularité et constance. Nous savons aujourd'hui que ces caractères se transforment par l'accumulation héréditaire de changements imperceptibles ; mais si l'on ne considère que la courte durée des temps historiques, on peut dire que les espèces sont invariables.

Appliquées à l'homme, les méthodes de classification des naturalistes ont permis d'établir un certain nombre de types parfaitement tranchés. En se basant sur des caractères anatomiques bien nets, tels que la couleur de la peau, la forme et la capacité du crâne, il a été possible d'établir que le genre humain comprend plusieurs espèces nettement séparées et probablement d'origines très différentes. Pour les savants respectueux des traditions religieuses, ces espèces sont simplement des races. Mais, comme on l'a dit avec raison, « si le nègre et le caucasien étaient des colimaçons, tous les zoologistes affirmeraient à l'unanimité qu'ils constituent d'excellentes espèces, n'ayant jamais pu provenir d'un même couple dont ils se seraient graduellement écartés ».

Ces caractères anatomiques, ceux du moins que notre analyse peut atteindre, ne permettent que des divisions générales fort sommaires. Leurs divergences n'apparaissent que chez des espèces humaines bien tranchées : les blancs, les nègres et les jaunes, par exemple. Mais des peuples, très semblables par leur aspect physique, peuvent être fort différents par leurs façons de sentir et d'agir, et par conséquent par leurs civilisations, leurs croyances et leurs arts. Est-il possible, par exemple, de classer dans un même groupe un Espagnol, un Anglais et un Arabe ? Les différences mentales existant entre eux n'éclatent-elles pas à tous les yeux et ne se lisent-elles pas à chaque page de leur histoire ?

A défaut de caractères anatomiques, on a voulu s'appuyer, pour la classification de certains peuples, sur divers éléments tels que les langues, les croyances et les groupements politiques ; mais de telles classifications ne résistent guère à l'examen.

Les éléments de classification que l'anatomie, les langues, le milieu, les groupements politiques ne sauraient fournir, nous sont donnés par la psychologie. Celle-ci montre que, derrière les institutions, les arts, les croyances, les bouleversements politiques de chaque peuple, se trouvent certains caractères moraux et intellectuels dont son évolution dérive. Ce sont ces caractères dont l'ensemble forme ce que l'on peut appeler l'âme d'une race.

Chaque race possède une constitution mentale aussi fixe que sa constitution anatomique. Que la première soit en rapport avec une certaine structure particulière du cerveau, cela ne semble pas douteux ; mais comme la science n'est pas assez avancée encore pour nous montrer cette structure, nous sommes dans l'impossibilité de la prendre pour base. Sa connaissance ne saurait nullement modifier d'ailleurs la description de la constitution mentale qui en découle et que l'observation nous révèle.

Les caractères moraux et intellectuels, dont l'association forme l'âme d'un peuple, représentent la synthèse de tout son passé, l'héritage de tous ses ancêtres, les mobiles de sa conduite. Ils semblent très variables chez les individus d'une même race ; mais l'observation prouve que la majorité des individus le cette race possède toujours un certain nombre de caractères psychologiques communs, aussi stables que les caractères anatomiques qui permettent de classer les espèces. Comme ces derniers, les caractères psychologiques se reproduisent par l'hérédité avec régularité et constance.

Cet agrégat d'éléments psychologiques observable chez tous les individus d'une race constitue ce qu'on appelle avec raison le caractère national. Leur ensemble forme le type moyen qui permet de définir un peuple. Mille Français, mille Anglais, mille Chinois, pris au hasard, diffèrent notablement entre eux ; mais ils possèdent cependant, de par l'hérédité de leur race, des caractères communs qui permettent de construire un type idéal du Français, de l'Anglais, du Chinois, analogue au type idéal que le naturaliste présente lorsqu'il décrit d'une façon générale le chien ou le cheval. Applicable aux diverses variétés de chiens ou de chevaux, une telle description ne peut comprendre que les caractères communs à tous, et nullement ceux qui permettent de distinguer leurs nombreux spécimens.

Pour peu qu'une race soit suffisamment ancienne, et par conséquent homogène, son type moyen est assez nettement établi pour se fixer rapidement dans l'esprit de l'observateur.

Lorsque nous visitons un peuple étranger, les seuls caractères qui puissent nous frapper, parce qu'ils sont les seuls qui soient constamment répétés, sont précisément les caractères communs à tous les habitants du pays parcouru. Les différences individuelles, étant peu répétées, nous échappent ; et bientôt, non seulement nous distinguons à première vue un Anglais, un Italien, un Espagnol, mais de plus nous savons très bien leur attribuer certains caractères moraux et intellectuels, qui sont justement les caractères fondamentaux dont nous parlions plus haut. Un Anglais, un Gascon, un Normand, un Flamand correspondent à un type bien défini dans notre esprit et que nous pouvons décrire aisément. Appliquée à un individu isolé, la description pourra être fort insuffisante, et parfois inexacte ; appliquée à la majorité des individus d'une de ces races, elle la dépeindra parfaitement. Le travail inconscient qui s'établit dans notre esprit pour déterminer le type physique et mental d'un peuple est tout à fait identique dans son essence à la méthode qui permet au naturaliste de classifier les espèces.

Cette identité dans la constitution mentale de la majorité des individus d'une race a des raisons physiologiques très simples. Chaque individu, en effet, n'est pas seulement le produit de ses parents directs, mais encore de sa race, c'est-à-dire de toute la série de ses ascendants. Un savant économiste, M. Cheysson, a calculé qu'en France, à raison de trois générations par siècle, chacun de nous aurait dans les veines le sang d'au moins 20 millions de contemporains de l'an 1000. « Tous les habitants d'une même localité, d'une même province ont donc nécessairement des ancêtres communs, sont pétris du même limon, portent la même empreinte, et sont sans cesse ramenés au type moyen par cette longue et lourde chaîne dont ils ne sont que les derniers anneaux. Nous sommes à la fois les fils de nos parents et de notre race. Ce n'est pas seulement le sentiment, c'est encore la physiologie et l'hérédité qui font pour nous de la patrie une seconde mère. »

Si l'on voulait traduire en langage mécanique les influences auxquelles est soumis l'individu et qui dirigent sa conduite, on pourrait dire qu'elles sont de trois sortes. La première, et certainement la plus importante, est l'influence des ancêtres ; la deuxième, l'influence des parents immédiats ; la troisième qu'on croit généralement la plus puissante, et qui cependant est de beaucoup la plus faible, est l'influence des milieux. Ces derniers, en y comprenant les diverses influences physiques et morales auxquelles l'homme est soumis pendant sa vie, et notamment pendant son éducation, ne produisent que des variations très faibles. Ils n'agissent réellement que lorsque l'hérédité les a accumulés dans le même sens pendant longtemps.

Quoi qu'il fasse, l'homme est donc toujours et avant tout le représentant de sa race. L'ensemble d'idées, de sentiments que tous les individus d'un même pays apportent en naissant, forme l'âme de la race. Invisible dans son essence, cette âme est très visible dans ses effets, puisqu'elle régit en réalité toute l'évolution d'un peuple.

On peut comparer une race à l'ensemble des cellules qui constituent un être vivant. Ces milliards de cellules ont une durée très courte, alors que la durée de l'être formé par leur union est relativement très longue ; elles ont donc à la fois une vie personnelle, la leur, et une vie collective, celle de l'être dont elles composent la substance. Chaque individu d'une race a, lui aussi, une vie individuelle très courte et une vie collective très longue. Cette dernière est celle de la race dont il est né, qu'il contribue à perpétuer, et dont il dépend toujours.

La race doit donc être considérée comme un être permanent, affranchi du temps. Cet être permanent est composé non seulement des individus vivants qui le constituent à un moment donné, mais aussi de la longue série des morts qui furent ses ancêtres. Pour comprendre la vraie signification de la race, il faut la prolonger à la fois dans le passé et dans l'avenir. Infiniment plus nombreux que les vivants, les morts sont aussi infiniment plus puissants qu'eux. Ils régissent l'immense domaine de l'inconscient, cet invisible domaine qui tient sous son empire toutes les manifestations de l'intelligence et du caractère. C'est par ses morts, beaucoup plus que par ses vivants, qu'un peuple est conduit. C'est par eux seuls qu'une race est fondée. Siècle après siècle, ils ont créé nos idées et nos sentiments, et par conséquent tous les mobiles de notre conduite. Les générations éteintes ne nous imposent pas seulement leur constitution physique ; elles nous imposent aussi leurs pensées. Les morts sont les seuls maîtres indiscutés des vivants. Nous portons le poids de leurs fautes, nous recevons la récompense de leurs vertus.

La formation de la constitution mentale d'un peuple ne demande pas, comme la création des espèces animales, ces âges géologiques dont l'immense durée échappe à tous nos calculs. Elle exige cependant un temps assez long. Pour créer dans un peuple comme le nôtre, et cela à un degré assez faible encore, cette communauté de sentiments et de pensées qui forme son âme, il a fallu plus de dix siècles [1] L'œuvre la plus importante peut être de notre Révolution

1 Ce temps, fort long pour nos annales, est en réalité assez court, puisqu'il ne représente que trente générations. Si un temps relativement aussi restreint suffit à fixer certains caractères, cela tient à ce que dès qu'une cause agit pendant quelque temps dans le même sens elle produit rapidement des effets très grands. Les mathématiques montrent que quand une cause persiste en produisant le même effet, les causes croissent en progression arithmétique (1, 2, 3, 4, 5, etc.), et les effets en progression géométrique (2, 4, 8, 16, 32, etc.). *Les causes sont les logarithmes des effets.* Dans le fameux problème du doublement des grains de blé sur les cases de l'échiquier, le numéro d'ordre des cases est le logarithme du nombre des grains de blé. De même pour la somme placée à intérêts composés, la loi de l'accroissement

a été d'activer cette formation en finissant à peu près de briser les petites nationalités : Picards, Flamands, Bourguignons, Gascons, Bretons, Provençaux, etc., entre lesquelles la France était divisée jadis. Il s'en faut, certes, que l'unification soit complète, et c'est surtout parce que nous sommes composés de races trop diverses, et ayant par conséquent des idées et des sentiments trop différents, que nous sommes victimes de dissensions que des peuples plus homogènes, tels que les Anglais, ne connaissent pas. Chez ces derniers, le Saxon, le Normand, l'ancien Breton ont fini par former, en se fusionnant, un type très homogène, et par conséquent tout est homogène dans la conduite.Grâce à cette fusion, ils ont fini par acquérir solidement ces trois bases fondamentales de l'âme d'un peuple : des sentiments communs, des intérêts communs, des croyances communes. Quand une nation en est arrivée là, il y a accord instinctif de tous ses membres sur toutes les grandes questions, et les dissentiments sérieux ne naissent plus dans son sein.

Cette communauté de sentiments, d'idées, de croyances et d'intérêts, créée par de lentes accumulations héréditaires, donne à la constitution mentale d'un peuple une grande identité et une grande fixité. Elle assure du même coup à ce peuple une immense puissance. Elle a fait la grandeur de Rome dans l'antiquité, celle des Anglais de nos jours. Dès qu'elle disparaît, les peuples se désagrègent. Le rôle de Rome fut fini quand elle ne la posséda plus.

Il a toujours plus ou moins existé chez tous les peuples et à tous les âges, ce réseau de sentiments, d'idées, de traditions et de croyances héréditaires qui forme l'âme d'une collectivité d'hommes, mais son extension progressive s'est faite d'une façon très lente. Restreinte d'abord à la famille et graduellement propagée au village, à la cité, à la province, l'âme collective ne s'est étendue à tous les habitants d'un pays qu'à une époque assez moderne. C'est alors seulement qu'est née la notion de patrie telle que nous la comprenons aujourd'hui. Elle n'est possible que lorsqu'une âme nationale est for-

---

est telle que le nombre des années est le logarithme du capital accumulé. C'est pour des raisons de cet ordre que la plupart des phénomènes sociaux peuvent se traduire par des courbes géométriques à peu près semblables. Dans un autre travail j'étais arrivé à constater que ces courbes peuvent s'exprimer au point de vue analytique par l'équation de la parabole ou de l'hyperbole. Mon savant ami M. Cheysson pense qu'ils se traduisent mieux le plus souvent par une équation exponentielle.

mée. Les Grecs ne s'élevèrent jamais au delà de la notion de cité, et leurs cités restèrent toujours en guerre parce qu'elles étaient en réalité très étrangères l'une à l'autre. L'Inde, depuis 2000 ans, n'a connu d'autre unité que le village, et c'est pourquoi depuis 2000 ans, elle a toujours vécu sous des maîtres étrangers dont les empires éphémères se sont écroulés avec autant de facilité qu'ils s'étaient formés.

Très faible au point de vue de la puissance militaire, la conception de la cité comme patrie exclusive a toujours, au contraire, été très forte au point de vue du développement de la civilisation Moins grande que l'âme de la patrie, l'âme de la cité fut parfois plus féconde. Athènes dans l'antiquité, Florence et Venise au moyen âge nous montrent le degré de civilisation auquel de petites agglomérations d'hommes peuvent atteindre.

Lorsque les petites cités ou les petites provinces ont vécu pendant longtemps d'une vie indépendante, elles finissent par posséder une âme si stable que sa fusion avec celles de cités et de provinces voisines, pour former une âme nationale, devient presque impossible. Une telle fusion alors même qu'elle peut se produire, c'est-à-dire lorsque les éléments mis en présence ne sont pas trop dissemblables, n'est jamais l'œuvre d'un jour, mais seulement celle des siècles. Il faut des Richelieu et des Bismarck pour achever une telle œuvre, mais ils ne l'achèvent que lorsqu'elle est élaborée depuis longtemps. Un pays peut bien, comme l'Italie, arriver brusquement, par suite de circonstances exceptionnelles, à former un seul État, mais ce serait une erreur de croire qu'il acquiert du même coup pour cela une âme nationale. Je vois bien en Italie des Piémontais, des Siciliens, des Vénitiens, des Romains, etc., je n'y vois pas encore des Italiens.

Quelle que soit aujourd'hui la race considérée, qu'elle soit homogène, ou ne le soit pas, par le fait seul qu'elle est civilisée et entrée depuis longtemps dans l'histoire, il faut toujours la considérer comme une race artificielle et non comme une race naturelle. De races naturelles, on n'en trouverait guère actuellement que chez les sauvages. Ce n'est plus que chez eux qu'on peut observer des peuples purs de tout mélange. La plupart des races civilisées ne sont aujourd'hui que des races historiques.

Nous n'avons pas à nous préoccuper maintenant des origines des races. Qu'elles aient été formées par la nature ou par l'histoire, il n'importe. Ce qui nous intéresse, ce sont leurs caractères tels qu'un long passé les a constitués. Maintenus pendant des siècles par les mêmes conditions d'existence et accumulés par l'hérédité, ces caractères ont fini par acquérir une grande fixité et par déterminer le type de chaque peuple.

## CHAPITRE II
## LIMITES DE VARIABILITÉ DU CARACTÈRE DES RACES

*La variabilité du caractère des races, et non sa fixité, constitue la règle apparente. — Raisons de cette apparence. — Invariabilité des caractères fondamentaux et variabilité des caractères secondaires. — Assimilation des caractères psychologiques aux caractères irréductibles et aux caractères modifiables des espèces animales. — Le milieu, les circonstances, l'éducation agissent seulement sur les caractères psychologiques accessoires. — Les possibilités de caractère. — Exemples fournis par diverses époques. — Les hommes de la Terreur. — Ce qu'ils fussent devenus à d'autres époques. — Comment malgré les révolutions persistent les caractères nationaux. — Exemples divers. — Conclusion.*

Ce n'est qu'en étudiant avec soin l'évolution des civilisations qu'on constate la fixité de la constitution mentale des races. Au premier abord, c'est la variabilité et non la fixité qui semble la règle générale. L'histoire des peuples pourrait faire supposer en effet que leur âme subit parfois des transformations très rapides et très grandes. Ne semble-t-il pas, par exemple, qu'il y ait une différence considérable entre le caractère d'un Anglais du temps de Cromwell et celui d'un Anglais moderne ? L'italien actuel, circonspect et subtil, ne parait-il pas fort différent de l'Italien impulsif et féroce que nous décrit dans ses Mémoires Benvenuto Cellini ? Sans aller si loin, et en nous bornant in la France, que de changements apparents dans le caractère en un petit nombre de siècles, et parfois même d'années ! Quel est l'historien qui n'ait pas noté les différences du caractère national entre le XVIIᵉ et le XVIIIᵉ siècle ? et, de nos jours, ne semble-t-il pas qu'il y ait un monde entre le caractère de nos farouches conventionnels et celui des dociles esclaves de Napoléon ? C'étaient pourtant les mêmes hommes, et, en quelques années, ils semblent avoir entièrement changé.

Pour élucider les causes de ces changements, nous rappellerons tout d'abord que l'espèce psychologique est, comme l'espèce anatomique, formée d'un très petit nombre de caractères fondamentaux irréductibles, autour desquels se groupent des caractères accessoires modifiables et changeants. L'éleveur qui transforme la structure apparente d'un animal, le jardinier qui modifie l'aspect d'une plante, au point qu'un œil non exercé ne la reconnaît pas, n'ont en aucune façon touché aux caractères fondamentaux de l'espèce ; ils n'ont agi que sur ses caractères accessoires. Malgré tous les artifices, les caractères fondamentaux tendent toujours à reparaître à chaque nouvelle génération.

La constitution mentale, elle aussi, a des caractères fondamentaux, immuables comme les caractères anatomiques des espèces ; mais elle possède également des caractères accessoires aisément modifiables. Ce sont ces derniers que les milieux, les circonstances, l'éducation et divers facteurs peuvent aisément changer.

Il faut aussi se rappeler, et ce point est essentiel, que dans notre constitution mentale, nous possédons tous certaines possibilités de caractère, auxquelles les circonstances ne fournissent pas toujours l'occasion de se manifester. Lorsqu'elles viennent à surgir, une personnalité nouvelle, plus ou moins éphémère, surgit aussitôt. C'est ainsi qu'aux époques de grandes crises religieuses et politiques, on observe des changements momentanés de caractère tels qu'il semble que les mœurs, les idées, la conduite, tout enfin ait changé. Tout a changé en effet, comme la surface du lac tranquille tourmentée par l'orage. Il est rare que ce soit pour longtemps.

C'est en raison de ces possibilités de caractère mises en œuvre par certains événements exceptionnels, que les acteurs des grandes crises religieuses et politiques nous semblent d'une essence supérieure à la nôtre, des sortes de colosses dont nous serions les fils dégénérés. C'étaient pourtant des hommes comme nous, chez lesquels les circonstances avaient simplement mis en jeu des possibilités de caractère que nous possédons tous. Prenez, par exemple, ces « géants de la Convention », qui tenaient tête à l'Europe en armes et envoyaient leurs adversaires à la guillotine pour une simple contradiction. C'étaient, au fond, d'honnêtes et pacifiques bourgeois comme nous, qui, en temps ordinaire, eussent probablement mené au fond de leur étude, de leur cabinet, de leur comptoir, l'existence la plus tranquille et la plus effacée. Des événements extraordinaires firent vibrer certaines cellules de leur cerveau, inutilisées à l'état ordinaire, et ils devinrent ces figures colossales que déjà la postérité ne comprend plus. Cent ans plus tard, Robespierre eût été, sans doute, un honnête juge de paix très ami de son curé ; Fouquier-Tinville un juge d'instruction, possédant un peu plus peut-être que ses collègues l'âpreté et les façons rogues des gens de sa profession, mais très apprécié pour son zèle à poursuivre les délinquants ; Saint-Just fût devenu un excellent maître d'école, estimé de ses chefs et très fier des palmes académiques qu'il eût sûrement fini par obtenir. Il suffit, pour ne pas douter de la légitimité de ces prévisions, de voir ce que fit Napoléon des farouches terroristes qui n'avaient pas encore eu le temps de se couper réciproquement le cou. La plupart devinrent chefs de bureau, percepteurs, magistrats ou préfets. Les vagues soulevées par l'orage, dont nous parlions plus haut, s'étaient calmées, et le lac agité avait repris sa surface tranquille.

Même dans les époques les plus troublées, produisant les plus étranges changements de personnalités, on retrouve aisément sous des formes nouvelles les caractères fondamentaux de la race. Le régime centralisateur, autoritaire et despotique de nos rigides jacobins fut-il bien différent, en réalité, du régime centralisateur, autoritaire et despotique que quinze siècles de monarchie avaient profondément enraciné dans les âmes ? Derrière toutes les révolutions des peuples latins, il reparaît toujours, cet obstiné régime, cet incurable besoin d'être gouverné, parce qu'il représente une sorte de synthèse des instincts de leur race. Ce ne fut pas seulement par l'auréole de ses victoires que Bonaparte devint maître. Quand il transforma la république en dictature, les instincts héréditaires de la race se manifestaient chaque jour avec plus d'intensité ; et, à défaut d'un officier de génie, un aventurier quelconque eût suffi. Cinquante ans plus tard l'héritier de son nom n'eut qu'à se montrer pour rallier les suffrages de tout un peuple fatigué de liberté et avide de servitude. Ce n'est pas Brumaire qui fit Napoléon, mais l'âme de sa race qu'il allait courber sous son talon de fer [1].

Si l'influence des milieux sur l'homme paraît aussi grande, c'est précisément parce qu'ils agissent sur les éléments accessoires et transitoires, ou encore sur les possibilités du caractère dont nous venons de parler. En réalité, les changements ne sont pas bien profonds. L'homme le plus pacifique, poussé par la faim, arrive à un degré de férocité qui le conduit à tous les crimes, et parfois même à dévorer son semblable. Dira-t-on pour cela que son caractère habituel a définitivement changé ?

Que les conditions le la civilisation conduisent les uns à l'extrême richesse et à tous les vices qui en sont l'inévitable suite ; qu'elles créent chez les antres des besoins très grands sans leur donner les moyens de les satisfaire, il en résultera un mécontentement et un malaise général, qui agiront sur la conduite et provoqueront des bouleversements de toute sorte, mais dans ces mécontentements, ces bouleversements, se manifesteront toujours les caractères fondamentaux de la race. Les Anglais des États-Unis ont jadis apporté à se déchirer entre eux, pendant leur guerre civile, la même persévérance, la même énergie indomptable qu'ils en mettent aujourd'hui à fonder les villes, des universités et des usines. Le caractère ne s'était pas modifié. Seuls les sujets auxquels on l'appliquait avaient changé.

En examinant successivement les divers facteurs, susceptibles d'agir sur la constitution mentale des peuples, mous constaterions toujours qu'ils agissent sur les côtés accessoires et transitoires du caractère, mais ne touchent guère à ses éléments fondamentaux, ou n'y touchent qu'à la suite d'accumulations héréditaires très lentes.

Nous ne conclurons pas de ce qui précède que les caractères

1 A son premier geste, écrit Taine, les Français se sont prosternés dans l'obéissance, et ils y persistent comme dans leur condition naturelle, les petits : paysans et soldats, avec une fidélité animale ; les grands : dignitaires et fonctionnaires, avec une servilité byzantine. — De la part des républicains, nulle résistance; au contraire, c'est parmi eux qu'il a trouvé ses meilleurs instruments de règne, sénateurs, députés, conseillers d'Etat, juges, administrateurs de tout degré. Tout de suite, sous leurs prêches de liberté et d'égalité, il a démêlé leurs instincts autoritaires, leur besoin de commander, de primer, même en sous-ordre, et, par surcroît, chez la plupart d'entre eux, les appétits d'argent ou de jouissance. Entre le délégué du Comité de Salut Public et le ministre, le préfet ou sous-préfet de l'Empire, la différence est petite; c'est le même homme sous deux costumes, d'abord en carmagnole, puis en habit brodé.

psychologiques des peuples sont invariables, nais seulement que, comme les caractères anatomiques, ils possèdent une fixité très grande. C'est en raison de cette fixité que l'âme des races change si lentement pendant le cours des âges.

## CHAPITRE III
## HIÉRARCHIE PSYCHOLOGIQUE DES RACES

*La classification psychologique repose, comme les classifications anatomiques, sur la constatation d'un petit nombre de caractères irréductibles et fondamentaux. — Classification psychologique des races humaines. — Les races primitives. — Les races inférieures. — Les races moyennes. — Les races supérieures — Eléments psychologiques dont le groupement permet cette classification. — Eléments qui possèdent le plus d'importance. — Le caractère. — La moralité. — Les qualités intellectuelles sont modifiables par l'éducation. — Les qualités du caractère sont irréductibles et constituent l'élément invariable de chaque peuple. — Leur rôle dans l'histoire. — Pourquoi des races différentes ne sauraient se comprendre et s'influencer. — Raisons de l'impossibilité de faire accepter une civilisation supérieure par un peuple inférieur.*

Lorsqu'on examine, dans un livre d'histoire naturelle, les bases de la classification des espèces, on constate aussitôt que les caractères irréductibles et par conséquent fondamentaux, permettant de déterminer chaque espèce, sont très peu nombreux. Leur énumération tient toujours en quelques lignes.

C'est qu'en effet le naturaliste ne s'occupe que des caractères invariables, sans tenir compte des caractères transitoires. Ces caractères fondamentaux en entraînent fatalement d'ailleurs toute une série d'autres à leur suite. Il en est de même des caractères psychologiques des races. Si l'on entre dans les détails, on constate, d'un peuple à l'autre, d'un individu à l'autre, des divergences innombrables et subtiles ; mais si l'on ne s'attache qu'aux caractères fondamentaux, on reconnaît que pour chaque peuple ces caractères sont peu nombreux. Ce n'est que par des exemples — nous en fournirons bientôt de très caractéristiques — qu'on peut montrer clairement l'influence de ce petit nombre de caractères fondamentaux dans la vie des peuples.

Les bases d'une classification psychologique des races ne pouvant être exposées qu'en étudiant dans ses détails la psychologie de divers peuples, tâche qui demanderait à elle seule des volumes, nous nous bornerons à les indiquer dans leurs grandes lignes.

En ne considérant que leurs caractères psychologiques généraux, les races humaines peuvent être divisées en quatre groupes : 1° les races primitives ; 2° les races inférieures ; 3° les races moyennes ; 4° les races supérieures.

Les races primitives sont celles chez lesquelles on ne trouve aucune trace de culture, et qui en sont restées à cette période voisine de l'animalité qu'ont traversée nos ancêtres de l'âge de la pierre taillée : tels sont aujourd'hui les Fuégiens et les Australiens.

Au-dessus des races primitives se trouvent les races inférieures, représentées surtout par les nègres. Elles sont capables de rudiments de civilisation, mais de rudiments seulement. Elles n'ont jamais pu dépasser des formes de civilisation tout à fait barbares, alors même que le hasard les a fait hériter, comme à Saint-Domingue, de civilisations supérieures.

Dans les races moyennes, nous classerons les Chinois, les Japonais, les Mogols et les peuples sémitiques. Avec les Assyriens, les Mogols, les Chinois, les Arabes, elles ont créé des types de civilisations élevées que les peuples européens seuls ont pu dépasser.

Parmi les races supérieures, on ne peut faire figurer que les peuples indo-européens. Aussi bien dans l'antiquité à l'époque des Grecs et des Romains, que dans les temps modernes, ce sont les seules qui aient été capables de grandes inventions dans les arts, les sciences et l'industrie. C'est à elles qu'est dû le niveau élevé que la civilisation a atteint aujourd'hui. La vapeur et l'électricité sont sorties de leurs mains. Les moins développées de ces races supérieures, les hindous notamment, se sont élevées dans les arts, les lettres et la philosophie, à un niveau que les Mogols, les Chinois et les Sémites n'ont jamais pu atteindre.

Entre les quatre grandes divisions que nous venons d'énumérer, aucune confusion n'est possible, l'abîme mental qui les sépare est évident. Ce n'est que lorsqu'on veut subdiviser ces groupes que les difficultés commencent. Un Anglais, un Espagnol, un Russe, font partie de la division des peuples supérieurs, mais cependant nous savons bien qu'entre eux les différences sont très grandes.

Pour préciser ces différences, il faudrait prendre chaque peuple séparément et décrire son caractère. C'est ce que nous ferons bientôt pour deux d'entre eux afin de donner une application de la méthode et montrer l'importance de ses conséquences.

Pour le moment, nous ne pouvons qu'indiquer très sommairement la nature des principaux éléments psychologiques qui permettent de différencier les races.

Chez les races primitives et inférieures — et il n'est pas besoin d'aller chez les purs sauvages pour en trouver, puisque les couches les plus basses des sociétés européennes sont homologues des êtres primitifs — on constate toujours une incapacité plus ou moins grande de raisonner, c'est-à-dire d'associer dans le cerveau, pour les comparer et percevoir leurs analogies et leurs différences, les idées produites par les sensations passées ou les mots qui en sont les signes, avec les idées produites par les sensations présentes. De cette incapacité de raisonner résulte une grande crédulité et une absence complète d'esprit critique. Chez l'être supérieur, au contraire, la capacité d'associer les idées, d'en tirer des conclusions est très grande, l'esprit critique et la précision hautement développés.

Chez les êtres inférieurs, on constate encore une dose d'attention et de réflexion très minime, un esprit d'imitation très grand, l'habitude de tirer des cas particuliers des conséquences générales inexactes, une faible capacité d'observer et de déduire des résultats utiles des observations, une extrême mobilité du caractère et une très grande imprévoyance. L'instinct du moment est le seul guide. Comme Ésaü — type du primitif — ils vendraient volontiers leur droit d'aînesse futur pour le plat de lentilles présent. Lorsque à l'intérêt immédiat l'homme sait opposer un intérêt futur, se donner un but et le suivre avec persévérance, il a réalisé un grand progrès.

Cette incapacité de prévoir les conséquences lointaines des actes et cette tendance à n'avoir pour guide que l'instinct du moment condamnent l'individu aussi bien que la race à rester toujours dans un état très inférieur. Ce n'est qu'à mesure qu'ils ont pu dominer leurs instincts, c'est-à-dire qu'ils ont acquis de la volonté, et par conséquent de l'empire sur eux-mêmes, que les peuples ont pu comprendre l'importance de la discipline, la nécessité de se sacrifier à un idéal et s'élever jusqu'à la civilisation. S'il fallait évaluer par une mesure unique le niveau social des peuples dans l'histoire, je prendrais volontiers pour échelle le degré de leur aptitude à dominer leurs impulsions réflexes. Les Romains, dans l'antiquité, les Anglo-Américains dans les temps modernes, représentent les peuples qui ont possédé cette qualité au plus haut point. Elle a contribué puissamment à assurer leur grandeur.

C'est par leur groupement général, et leur développement respectif que les divers éléments psychologiques précédemment énumérés forment les constitutions mentales qui permettent de classifier les individus et les races.

De ces éléments psychologiques les uns ont trait au caractère, les autres à l'intelligence.

Les races supérieures se différencient des races inférieures aussi bien par le caractère que par l'intelligence, mais c'est surtout par le caractère que se différencient entre eux les peuples supérieurs. Ce point a une importance sociale considérable et il importe de le marquer nettement.

Le caractère est formé par la combinaison, en proportion variée, des divers éléments que les psychologues désignent habituellement aujourd'hui sous le nom de sentiments. Parmi ceux qui jouent le rôle le plus important, il faut noter surtout : la persévérance, l'énergie, l'aptitude à se dominer, facultés plus ou moins dérivées de la volonté. Nous mentionnerons aussi, parmi les éléments fondamentaux du caractère, et bien qu'elle soit la synthèse de sentiments assez complexes, la moralité. Ce dernier terme, nous le prenons dans le sens de respect héréditaire des règles sur lesquelles l'existence d'une société repose. Avoir de la moralité, pour un peuple, c'est avoir certaines règles fixes de conduite et ne pas s'en écarter. Ces règles variant avec les temps et les pays, la morale semble par cela même chose très variable, et elle l'est en effet ; mais pour un peuple donné, à un moment donné, elle doit être tout à fait invariable. Fille du caractère, et nullement de l'intelligence, elle n'est solidement constituée que lorsqu'elle est devenue héréditaire, et, par conséquent, inconsciente. D'une façon générale, c'est en grande partie du niveau de leur moralité que dépend la grandeur des peuples.

Les qualités intellectuelles sont susceptibles d'être légèrement modifiées par l'éducation ; celles du caractère échappent à peu près entièrement à son action. Quand l'éducation agit sur elles, ce n'est que chez les natures neutres, n'ayant qu'une volonté à peu près nulle, et penchant aisément par conséquent vers le côté où elles sont poussées. Ces natures neutres se rencontrent chez des individus, mais bien rarement chez tout un peuple, ou, si on les y observe, ce n'est qu'aux heures d'extrême décadence.

Les découvertes de l'intelligence se transmettent aisément d'un peuple à l'autre. Les qualités du caractère ne sauraient se transmettre Ce sont les éléments fondamentaux irréductibles qui permettent de différencier la constitution mentale des peuples supérieurs. Les découvertes dues à l'intelligence sont le patrimoine commun de l'humanité ; les qualités ou les défauts du caractère constituent le patrimoine exclusif de chaque peuple. C'est le roc invariable que la vague doit battre jour après jour pendant des siècles avant d'arriver à pouvoir seulement en émousser les contours ; c'est l'équivalent de l'élément irréductible de l'espèce, la nageoire du poisson, le bec de l'oiseau, la dent du carnivore.

Le caractère d'un peuple et non son intelligence détermine son évolution dans l'histoire et règle sa destinée. On le retrouve toujours, derrière les fantaisies apparentes, de ce hasard très impuissant, de cette providence très fictive, de ce destin très réel, qui, suivant les diverses croyances, guide les actions des hommes.

L'influence du caractère est souveraine dans la vie des peuples, alors que celle de l'intelligence est véritablement bien faible. Les Romains de la décadence avaient une intelligence autrement raffinée que celle de leurs rudes ancêtres, mais ils avaient perdu les qualités de caractère : la persévérance, l'énergie, l'invincible ténacité, l'aptitude à se sacrifier pour un idéal, l'inviolable respect des lois, qui avaient fait la grandeur de leurs aïeux. C'est par le caractère que 60,000 Anglais tiennent sous le joug 250 millions d'Hindous, dont beaucoup sont au moins leurs égaux par l'intelligence, et dont quelques-uns les dépassent immensément par les goûts artistiques et la profondeur des vues philosophiques. C'est par le caractère qu'ils sont à la tête du plus gigantesque empire colonial qu'ait connu l'histoire. C'est sur le caractère et non sur l'intelligence que se fondent les sociétés, les religions et les empires. Le caractère, c'est ce qui permet aux peuples de sentir et d'agir. Ils n'ont jamais beaucoup gagné à vouloir trop raisonner et trop penser [1].

C'est de la constitution mentale des races que découle leur conception du monde et de la vie, par conséquent leur conduite. Nous en fournirons bientôt d'importants exemples. Impressionné d'une certaine façon par les choses extérieures, l'individu sent, pense et agit d'une façon fort différente de celles dont sentiront, penseront et agiront ceux qui possèdent une constitution mentale différente. Il en résulte que les constitutions mentales, construites sur des types très divers, ne sauraient arriver à se pénétrer. Les luttes séculaires des races ont surtout pour origine l'incompatibilité de leurs caractères. Il est impossible de rien comprendre à l'histoire si l'on n'a pas toujours présent à l'esprit que des races différentes ne sauraient ni sentir, ni penser, ni agir de la même façon, ni par conséquent se comprendre. Sans doute les peuples divers ont dans leurs langues des mots communs qu'ils croient synonymes, mais ces mots communs éveillent des sensations, des idées, des modes de penser tout à fait dissemblables chez ceux qui les entendent. Il

---

1 L'extrême faiblesse des œuvres des psychologues de profession et leur peu d'intérêt pratique tient surtout à ce qu'ils se sont confinés exclusivement dans l'étude de l'intelligence et ont laissé à peu près entièrement de côté celle du caractère. Je ne vois guère que M. Paulhan dans son intéressant *Essai sur les caractères* et M. Ribot, dans quelques pages, malheureusement beaucoup trop brèves, qui aient marqué l'importance du caractère et constaté qu'il forme la véritable base de la constitution mentale. « L'intelligence, écrit avec raison le savant professeur du Collège de France, n'est qu'une forme accessoire de l'évolution mentale. Le type fondamental est le caractère. L'intelligence a plutôt pour effet de le détruire quand elle est trop développée. »
C'est à l'étude du caractère qu'il faudra, s'attacher, comme j'essaie de le montrer ici, quand on voudra décrire la psychologie comparée des peuples.Qu'une science aussi importante, puisque l'histoire et la politique en découlent, n'ait jamais été l'objet d'aucune étude, c'est là ce qu'on comprendrait difficilement si ou ne savait qu'elle ne peut s'acquérir ni dans les laboratoires, ni dans les livres, mais seulement par de longs voyages. Rien ne fait présager d'ailleurs qu'elle soit bientôt abordée par les psychologues de profession. Ils abandonnent de plus en plus aujourd'hui ce qui fut jadis leur domaine, pour se confiner dans des recherches d'anatomie et de physiologie.

faut avoir vécu avec des peuples dont la constitution mentale diffère sensiblement de la nôtre, même en ne choisissant parmi eux que les individus parlant notre langue et ayant reçu notre éducation, pour concevoir la profondeur de l'abîme qui sépare la pensée des divers peuples. On peut, sans de lointains voyages, s'en faire quelque idée en constatant la grande séparation mentale qui existe entre l'homme civilisé et la femme, alors même que celle-ci est très instruite. Ils peuvent avoir des intérêts communs, des sentiments communs, mais jamais des enchaînements de pensées semblables. Ils se parleraient pendant des siècles sans s'entendre parce qu'ils sont construits sur des types trop différents pour pouvoir être impressionnés de la même façon par les choses extérieures. La différence de leur logique suffirait à elle seule pour créer entre eux un infranchissable abîme.

Cet abîme entre la constitution mentale des diverses races nous explique pourquoi les peuples supérieurs n'ont jamais pu réussit à faire accepter leur civilisation par des peuples inférieurs. L'idée si générale encore que l'instruction puisse réaliser une telle tâche est une des plus funestes illusions que les théoriciens de la raison pure aient jamais enfantée. Sans doute, l'instruction permet, grâce à la mémoire que possèdent les êtres les plus inférieurs — et qui n'est nullement le privilège de l'homme, — de donner à un individu placé assez bas dans l'échelle humaine, l'ensemble des notions que possède un Européen. On fait aisément un bachelier ou un avocat d'un nègre ou d'un Japonais ; mais on ne lui donne qu'un simple vernis tout à fait superficiel, sans action sur sa constitution mentale. Ce que nulle instruction ne peut lui donner, parce que l'hérédité seule les crée, ce sont les formes de la pensée, la logique, et surtout le caractère des Occidentaux. Ce nègre ou ce Japonais accumulera tous les diplômes possibles sans arriver jamais au niveau d'un Européen ordinaire. En dix ans, on lui donnera aisément l'instruction d'un Anglais bien élevé. Pour en faire un véritable Anglais, c'est-à-dire un homme agissant comme un Anglais dans les diverses circonstances de la vie où il sera placé, mille ans suffiraient à peine. Ce n'est qu'en apparence qu'un peuple transforme brusquement sa langue, sa constitution, ses croyances ou ses arts. Pour opérer en réalité de tels changements, il faudrait pouvoir transformer son âme.

# CHAPITRE IV
## DIFFÉRENCIATION PROGRESSIVE DES INDIVIDUS
## ET DES RACES

*L'inégalité entre les divers individus d'une race est d'autant plus grande que celle cette est plus élevée. — Egalité mentale de tous les individus des races inférieures. — Ce ne sont pas les moyennes des peuples mais leurs couches supérieures qu'il faut comparer pour apprécier les différences qui séparent les races. — Les progrès de la civilisation tendent à différencier de plus en plus les individus et les races. — Conséquences de cette différenciation — Raisons psychologiques qui l'empêchent de devenir trop considérable. — Les divers individus des races sont très différenciés au point de vue de l'intelligence et très peu au point le vue du caractère. — Comment, l'hérédité tend à ramener constamment les supériorités individuelles au type moyen de la race. — Observations anatomiques confirmant la différenciation psychologique progressive des races, des individus et des sexes.*

Les races supérieures ne se distinguent pas uniquement par leurs caractères psychologiques et anatomiques des races inférieures. Elles s'en distinguent encore par la diversité des éléments qui entrent dans leur sein. Chez les races inférieures, tous les individus, alors même qu'ils sont de sexes différents, possèdent à peu près le même niveau mental. Se ressemblant tous, ils présentent l'image parfaite de l'égalité rêvée par nos socialistes modernes. Chez les races supérieures, l'inégalité intellectuelle des individus et des sexes est, au contraire, la loi.

Aussi, n'est-ce pas en comparant entre elles les moyennes des peuples, mais leurs couches élevées — quand ils en possèdent — qu'on peut mesurer l'étendue des différences qui les séparent. Hindous, Chinois, Européens se différencient intellectuellement très peu par leurs couches moyennes. Ils se différencient considérablement au contraire par leurs couches supérieures.

Avec, les progrès de la civilisation, non seulement les races, mais encore les individus de chaque race, ceux du moins des races supérieures, tendent à se différencier de plus en plus. Contrairement à nos rêves égalitaires, le résultat de la civilisation moderne n'est pas de rendre les hommes de plus en plus égaux intellectuellement, mais, au contraire, de plus en plus différents.

Une des principales conséquences de la civilisation est, d'une part, de différencier les races par le travail intellectuel, chaque jour plus considérable, qu'elle impose aux peuples arrivés à un haut degré de culture, et d'autre part de différencier de plus en plus les diverses couches dont chaque peuple civilisé se compose.

Les conditions de l'évolution industrielle moderne condamnent les couches inférieures des peuples civilisés à un labeur très spécialisé, qui, loin d'accroître leur intelligence, ne tend qu'à la réduire. Il y a cent ans, un ouvrier était un véritable artiste capable d'exécuter tous les détails d'un mécanisme quelconque, d'une montre, par exemple. Aujourd'hui, c'est un simple manœuvre, qui ne fabrique jamais qu'une seule pièce, passe sa vie à forer des trous semblables, polir le même organe, conduire la même machine. Il en résulte que son intelligence arrive bientôt à s'atrophier tout à fait. Pressé par les découvertes et la concurrence, l'industriel, ou l'ingénieur qui dirige l'ouvrier, est obligé, au contraire, d'accumuler infiniment plus de connaissances, d'esprit d'initiative et d'invention que le même industriel, le même ingénieur, il y a un siècle. Constamment exercé, son cerveau subit la loi qui régit, dans en cas, tous les organes, il se développe de plus en plus.

Tocqueville avait déjà indiqué cette différenciation progressive des couches sociales à une époque où l'industrie se trouvait bien loin du degré de développement atteint aujourd'hui. « A mesure que le principe de la division du travail reçoit une application plus complète, l'ouvrier devient plus faible, plus borné et plus dépendant. L'art fait des progrès, l'artisan rétrograde. Le patron et l'ouvrier diffèrent chaque jour davantage. »

Aujourd'hui, un peuple supérieur peut, au point de vue intellectuel, être considéré comme constituant une sorte de pyramide à gradins, dont la plus grande partie est formée par les masses profondes de la population, les gradins supérieurs par les couches intelligentes [1], la pointe de la pyramide, par une toute petite élite de

1 Je dis intelligentes, sans ajouter instruites. C'est une erreur spéciale aux peuples latins de croire qu'il y ait parallélisme entre l'instruction et l'intelligence. L'instruction implique uniquement la possession d'une certaine dose de mémoire, mais ne nécessite pour être acquise aucune qualité de jugement, de réflexion,

savants, d'inventeurs, d'artistes, d'écrivains, groupe infiniment restreint vis-à-vis du reste de la population, mais qui, à lui seul, donne le niveau d'un pays sur l'échelle intellectuelle de la civilisation. Il suffirait de le faire disparaître pour voir disparaître en même temps tout ce qui fait la gloire d'une nation. « Si la France, comme le dit justement Saint-Simon, perdait subitement ses cinquante premiers savants, ses cinquante premiers artistes, ses cinquante premiers fabricants, ses cinquante premiers cultivateurs, la nation deviendrait un corps sans âme, elle serait décapitée. Si elle venait au contraire à perdre tout son personnel officiel, cet événement affligerait les Français parce qu'ils sont bons, mais il n'en résulterait pour le pays qu'un faible dommage. »

Avec les progrès de la civilisation, la différenciation entre les couches extrêmes d'une population s'accroît fort rapidement ; elle tend même, à un certain moment, à s'accroître suivant ce que les mathématiciens appellent une progression géométrique. Il suffirait donc, si certains effets de l'hérédité n'y mettaient obstacle, de faire intervenir le temps pour voir les couches supérieures d'une population séparées intellectuellement des couches inférieures par une distance aussi grand que celle qui sépare le blanc du nègre, ou même le nègre du singe.

Mais plusieurs raisons s'opposent à ce que cette différenciation intellectuelle des couches sociales, tout en devenant très grande, s'accomplisse avec autant de rapidité qu'on pourrait théoriquement l'admettre. En premier lieu, en effet, la différenciation ne porte guère que sur l'intelligence, peu ou pas sur le caractère ; et nous savons que c'est le caractère, et non l'intelligence, qui joue le rôle fondamental dans la vie des peuples. En second lieu, les masses tendent aujourd'hui, par leur organisation et leur discipline, à devenir toutes-puissantes. Leur haine des supériorités intellectuelles étant évidente, il est probable que toute aristocratie intellectuelle

---

d'initiative ni d'esprit d'invention. On rencontre très fréquemment des individus abondamment pourvus de diplômes quoique très bornés, mais on rencontre, aussi fréquemment, des individus fort peu instruits et possédant pourtant une intelligence élevée. Les couches supérieures de notre pyramide seraient donc formées d'éléments empruntés à toutes les classes. Toutes les professions renferment un très petit nombre d'esprits distingués. Il paraît probable cependant, en raison des lois de l'hérédité, que ce sont les classes sociales dites supérieures qui en renferment le plus et c'est sans doute en cela surtout que réside leur supériorité.

Gustave Le Bon

est destinée à être violemment détruite par des révolutions périodiques, à mesure que les masses populaires s'organiseront, comme fut détruite, il y a un siècle, l'ancienne noblesse. Lorsque le socialisme s'étendra en maître sur l'Europe, sa seule chance d'exister quelque temps sera de faire périr, jusqu'au dernier, tous les individus possédant une supériorité capable de les élever, si faiblement que ce soit, au-dessus de la plus humble moyenne.

En dehors des deux causes que je viens d'énoncer et qui sont d'ordre artificiel, puisqu'elles résultent de conditions de civilisation pouvant varier, il en est une beaucoup plus importante — parce qu'elle est une loi naturelle inéluctable — et qui empêchera toujours l'élite d'une nation, non pas de se différencier intellectuellement des couches inférieures, mais de s'en différencier par trop rapidement. En présence des conditions actuelles de la civilisation qui tendent, de plus en plus, à différencier les hommes d'une même race, se trouvent en effet les pesantes lois de l'hérédité, qui tendent à faire disparaître, ou à ramener à la moyenne, les individus qui la dépassent trop nettement.

Des observations déjà anciennes, mentionnées par tous les auteurs de travaux sur l'hérédité, ont prouvé en effet que les descendants de familles éminentes par l'intelligence subissent tôt ou tard — tôt, le plus souvent, — dégénérescences qui tendent à les supprimer tout à fait.

La grande supériorité intellectuelle ne paraît donc s'obtenir qu'à la condition de ne laisser derrière soi que des dégénérés. En fait, ce n'est qu'en empruntant sans cesse aux éléments placés au-dessous d'elle, que peut subsister la pointe de la pyramide sociale dont je parlais plus haut. Si l'on réunissait dans une île isolée tous les individus composant cette élite, on formerait, par leurs croisements, une race atteinte de dégénérescences variées et condamnée par conséquent à disparaître bientôt. Les grandes supériorités intellectuelles peuvent se comparer à ces monstruosités botaniques créées par l'artifice du jardinier. Abandonnées à elles-mêmes, elles meurent ou retournent au type moyen de l'espèce, qui, lui, est tout-puissant, parce qu'il représente la longue série des ancêtres.

L'étude attentive des divers peuples montre que si les individus d'une même race se différencient immensément par l'intelligence ils se différencient assez peu par le caractère, ce roc invariable dont j'ai déjà montré la permanence à travers les âges. Nous devons donc en étudiant une race la considérer à deux points de vue fort différents. Au point de vue intellectuel elle ne vaut que par une petite élite à laquelle sont dus tous les progrès scientifiques littéraires et industriels d'une civilisation. Au point de vue du caractère c'est la moyenne seule qu'il importe de connaître. C'est du niveau de cette moyenne que dépend toujours la puissance des peuples. Ils peuvent à la rigueur se passer d'une élite intellectuelle mais non d'un certain niveau de caractère. Nous le montrerons bientôt.

Ainsi, tout en se différenciant intellectuellement de plus en plus à travers les siècles, les individus d'une race tendent toujours au point de vue du caractère à osciller autour du type moyen de cette race. C'est à ce type moyen, qui s'élève fort lentement, qu'appartient la très grande majorité des membres d'une nation. Ce noyau fondamental est revêtu — au moins chez les peuples supérieurs — d'une mince couche d'esprits éminents, capitale au point de vue de la civilisation, mais sans importance au point de vue de la race. Sans cesse détruite, elle est renouvelée sans cesse aux dépens de la couche moyenne qui, elle, ne varie que fort lentement, parce que les moindres variations, pour devenir durables, demandent à être accumulées dans le même sens par l'hérédité pendant plusieurs siècles.

Il y a plusieurs années déjà que j'étais arrivé, en m'appuyant sur des recherches d'ordre purement anatomique, aux idées qui précèdent sur la différenciation des individus et des races, et pour la justification desquelles je n'ai invoqué, aujourd'hui, que des raisons psychologiques. Les deux ordres d'observation conduisant aux mêmes résultats, je me permettrai de rappeler quelques-unes des conclusions de mon premier travail. Elles s'appuient sur des mensurations exécutées sur plusieurs milliers de crânes anciens et modernes appartenant à des races diverses. En voici les parties les plus essentielles :

Le volume du crâne est en rapport étroit avec l'intelligence, lorsque, laissant de côté les cas individuels, on opère sur des séries. On constate alors que ce qui distingue les races inférieures des races supérieures, ce ne sont pas de faibles variations dans la capacité moyenne de leurs crânes, mais bien ce fait essentiel que la race supérieure contient un certain nombre d'individus au cerveau très développé, alors que la race inférieure n'en contient pas. Ce n'est donc pas par les foules, mais bien par le nombre de ceux qui s'en distinguent, que les races diffèrent. D'un peuple à l'autre, la différence moyenne du crâne — sauf quand on considère les races tout à fait inférieures — n'est jamais bien considérable.

En comparant les crânes des diverses races humaines, dans le présent et le passé, on voit que les races dont le volume du crâne présente les plus grandes variations individuelles sont les races les plus élevées en civilisation ; qu'à mesure qu'une race se civilise, les crânes des individus qui la composent se différencient de plus en plus ; ce qui conduit à ce résultat que ce n'est pas vers l'égalité intellectuelle que la civilisation nous conduit, niais vers une inégalité de plus en plus profonde. L'égalité anatomique et physiologique n'existe qu'entre individus de races tout à fait inférieures. Entre les membres d'une tribu sauvage, tous adonnés aux mêmes occupations, la différence est forcément minime. Entre le paysan, qui n'a que trois cents mots dans son vocabulaire, et le savant, qui en a cent mille avec les idées correspondantes, la différence est, au contraire, gigantesque.

Je dois ajouter à ce qui précède que la différenciation entre individus produite par le développement de la civilisation se manifeste également entre les sexes.Chez les peuples inférieurs ou dans les couches inférieures des peuples supérieurs, l'homme et la femme sont intellectuellement fort voisins. A mesure au contraire que les peuples se civilisent, les sexes tendent de plus en plus à se différencier.

Le volume du crâne de l'homme et de la femme, même quand on compare uniquement, comme je l'ai fait, des sujets d'âge égal, de taille égale et de poids égal, présente les différences très rapidement croissantes avec le degré de la civilisation. Très faibles dans les races inférieures, ces différences deviennent immenses dans les races supérieures. Dans ces races supérieures, les crânes féminins sont souvent à peine plus développés que ceux des femmes de races très inférieures. Alors que la moyenne des crânes parisiens masculins les range parmi les plus gros crânes connus,la moyenne des crânes parisiens féminins les classe parmi les plus petits crânes observés, à peu près au niveau de ceux des Chinoises, à peine au-dessus des crânes féminins de la Nouvelle-Calédonie [1].

## CHAPITRE V
## FORMATION DES RACES HISTORIQUES

*Comment se sont formées les races historiques. — Conditions qui permettent à des races diverses de fusionner pour former une race unique. — Influence du nombre des individus mis en présence, de l'inégalité de leurs caractères, des milieux, etc. — Résultats des croisements. — Raisons de la grande infériorité des métis. — Mobilité des caractères psychologiques nouveaux créés par les croisements. — Comment ces caractères arrivent à se fixer. — Les périodes critiques de l'histoire. — Les croisements constituent un facteur essentiel de formation de races nouvelles, et en même temps un puissant facteur de dissolution des civilisations. — Importance du régime des castes. — Influence des milieux. — Ils ne peuvent agir que sur les races nouvelles en voie de formation dont les croisements ont dissocié les caractères ancestraux. — Sur les races anciennes les milieux sont sans action. — Exemples divers. — La plupart des races historiques de l'Europe sont encore en voie de formation. — Conséquences politiques et sociales. — Pourquoi la période de formation les races historiques sera bientôt passée.*

Nous avons déjà fait remarquer qu'on ne pouvait plus guère rencontrer chez les peuples civilisés de véritables races, dans le sens scientifique de ce mot, mais seulement des races historiques, c'est-à-dire des races créées par les hasards des conquêtes, des immigrations, de la politique, etc., et formées par conséquent du mélange d'individus d'origines différentes.

Comment ces races hétérogènes arrivent-elles à se fondre et former une race historique possédant des caractères psychologiques communs ? C'est ce que nous allons rechercher.

Remarquons tout d'abord que les éléments mis en présence par le hasard ne se fondent pas toujours. Les populations allemande, hongroise, slave, etc., qui vivent sous la domination autrichienne,

1 Dr Gustave le Bon. *Recherches anatomiques et mathématiques sur les variations de volume du cerveau et sur leurs relations avec l'intelligence.* In-8°, 1879. Mémoire couronné par l'Académie des sciences et par la Société d'anthropologie.

forment des races parfaitement distinctes et qui n'ont jamais tenté de se fusionner. L'Irlandais, qui vit sous la domination des Anglais, ne s'est pas davantage mélangé avec eux. Quant aux peuples tout à fait inférieurs, Peaux-Rouges, Australiens, Tasmaniens, etc., non seulement ils ne s'unissent pas aux peuples supérieurs, mais en outre ils disparaissent rapidement à leur contact. L'expérience prouve que tout peuple inférieur mis en présence d'un peuple supérieur est fatalement condamné à bientôt disparaître.

Trois conditions sont nécessaires pour que des races arrivent à se fusionner et à former une race nouvelle plus ou moins homogène.

La première de ces conditions est que les races soumises aux croisements ne soient pas trop inégales par leur nombre ; la seconde, qu'elles ne diffèrent pas trop par leurs caractères ; la troisième, qu'elles soient soumises pendant longtemps à des conditions de milieu identiques.

La première des conditions qui viennent d'être énumérées est d'une importance capitale. Un petit nombre de blancs transportés chez une population nègre nombreuse disparaissent, après quelques générations, sans laisser de traces de leur sang parmi leurs descendants. Ainsi ont disparu tous les conquérants qui ont envahi des populations trop nombreuses. Ils ont pu, comme les Latins en Gaule, les Arabes en Égypte, laisser derrière eux leur civilisation, leurs arts et leur langue. Ils n'y ont jamais laissé leur sang.

La seconde des conditions précédentes a également une importance très grande. Sans doute des races fort différentes, le blanc et le noir par exemple, peuvent se fusionner, mais les métis qui en résultent constituent une population très inférieure aux produits dont elle dérive, et complètement incapable de créer, ou même de continuer une civilisation. L'influence d'hérédités contraires dissocie leur moralité et leur caractère. Quand les métis de blancs et de nègres ont hérité par hasard, comme à Saint-Domingue, d'une civilisation supérieure, cette civilisation est rapidement tombée dans une misérable décadence. Les croisements peuvent être un élément de progrès entre des races supérieures, assez voisines, telles que les Anglais et les Allemands de l'Amérique. Ils constituent toujours un élément de dégénérescence quand ces races, même supérieures, sont trop différentes [1].

1 Tous les pays qui présentent un trop grand nombre de métis sont, pour cette

LES CARACTÈRES PSYCHOLOGIQUES DES RACES

Croiser deux peuples, c'est changer du même coup aussi bien leur constitution physique que leur constitution mentale. Les croisements constituent d'ailleurs le seul moyen infaillible que nous possédions de transformer d'une façon fondamentale le caractère d'un peuple, l'hérédité seule étant assez puissante pour lutter contre l'hérédité. Ils permettent de créer à la longue une race nouvelle, possédant des caractères physiques et psychologiques nouveaux.

Les caractères ainsi créés restent au début très flottants et très faibles. Il faut toujours de longues accumulations héréditaires pour les fixer. Le premier effet des croisements entre races différentes est de détruire l'âme de ces races, c'est-à-dire cet ensemble d'idées et de sentiments communs qui font la force des peuples et sans lesquels il n'y a ni nation ni patrie. C'est la période critique de l'histoire des peuples, une période de début et de tâtonnements, que tous ont dû traverser, car il n'est guère de peuple européen qui ne soit formé des débris d'autres peuples. C'est une période pleine de luttes intestines et de vicissitudes, qui dure tant que les caractères psychologiques nouveaux ne sont pas encore fixés.

Ce qui précède montre que les croisements doivent être considérés à la fois comme un élément fondamental de la formation de races nouvelles, et comme un puissant facteur de dissolution des races anciennes. C'est donc avec raison que tous les peuples arrivés à un haut degré de civilisation ont soigneusement évité de se mêler avec des étrangers. Sans l'admirable régime des castes, la petite poignée d'Aryens qui envahit l'Inde, il y a trois mille ans, se fût bien vite noyée dans l'immense foule des populations noires qui l'enveloppait de toutes parts, et aucune civilisation ne fût née sur le sol de la grande péninsule. Si, de nos jours, les Anglais n'avaient pas conservé en pratique le même système, et avaient consenti à se croiser avec les indigènes, il y a déjà longtemps que le gigantesque empire de l'Inde leur aurait échappé. Un peuple peut perdre bien

---

seule raison, voués à une perpétuelle anarchie, à moins qu'ils ne soient domines par une main de fer. Tel sera fatalement le cas du Brésil. Il ne compte qu'un tiers de blancs. Le reste de la population se compose de nègres et de mulâtres. Le célèbre Agassiz dit avec raison « qu'il suffit d'avoir été au Brésil pour ne pas pouvoir nier la décadence résultant des croisements qui ont eu lieu dans ce pays plus largement qu'ailleurs. Ces croisements effacent, dit-il, les meilleures qualités, soit du blanc, soit du noir, soit de l'Indien, et produisent un type indescriptible dont l'énergie physique et mentale s'est affaiblie ».

Gustave Le Bon

des choses, subir bien des catastrophes, et se relever encore. Il a tout perdu, et ne se relève plus quand il a perdu son âme.

C'est au moment où les civilisations en décadence sont devenues la proie d'envahisseurs pacifiques ou guerriers, que les croisements exercent successivement le rôle destructeur, puis créateur, dont je viens de parler. Ils détruisent la civilisation ancienne puisqu'ils détruisent l'âme du peuple qui la possédait. Ils permettent la création d'une civilisation nouvelle puisque les anciens caractères psychologiques des races en présence ont été détruits et que sous l'influence de conditions d'existence nouvelle, de nouveaux caractères vont pouvoir se former.

C'est seulement sur les races en voie de formation et dont par conséquent les caractères ancestraux ont été détruits par des hérédités contraires, que peut se manifester l'influence du dernier des facteurs mentionnés au début de ce chapitre, les milieux. Très faible sur les races anciennes, l'influence des milieux est au contraire très grande sur les races nouvelles. Les croisements, en détruisant des caractères psychologiques ancestraux, créent une sorte de table rase sur laquelle l'action des milieux, continuée pendant des siècles, arrive à édifier, puis à fixer des caractères psychologiques nouveaux. Alors, et seulement alors, une nouvelle race historique est formée. Ainsi s'est constituée la nôtre.

L'influence des milieux — milieux physiques et moraux — est donc très grande ou au contraire très faible suivant les cas, et on s'explique ainsi que les opinions les plus contradictoires aient pu être émises sur leur action. Nous venons de voir que cette influence est très grande sur les races en voie de formation ; mais si nous avions considéré des races anciennes solidement fixées depuis longtemps par l'hérédité, nous aurions pu dire que l'influence des milieux est au contraire à peu près entièrement nulle.

Pour les milieux moraux, nous avons la preuve de leur nullité d'action par l'absence d'influence de nos civilisations occidentales sur les peuples de l'Orient, alors même qu'ils sont soumis pendant plusieurs générations à leur contact, ainsi que cela s'observe sur les Chinois habitant les Etats-Unis. Pour les milieux physiques, nous constatons la faiblesse de leur pouvoir par les difficultés de l'acclimatement. Transportée dans un milieu trop différent du sien, une race ancienne — qu'il s'agisse d'un homme, d'un animal ou d'une plante — périt plutôt que de se transformer. Conquise par dix peuples divers, l'Égypte a toujours été leur tombeau. Pas un n'a pu s'y acclimater. Grecs, Romains, Perses, Arabes, Turcs, etc., n'y ont jamais laissé de traces de leur sang. Le seul type qu'on y rencontre est celui de l'impassible Fellah, dont les traits reproduisent fidèlement ceux que les artistes égyptiens gravaient il y a sept mille ans sur les tombes et les palais des Pharaons.

La plupart des races historiques de l'Europe sont encore en voie de formation, et il importe de le savoir pour comprendre leur histoire. Seul l'Anglais actuel représente une race presque entièrement fixée. Chez lui l'ancien Breton, le Saxon et le Normand se sont effacés pour former un type nouveau bien homogène. En France, au contraire, le Provençal est bien différent du Breton, et l'Auvergnat du Normand. Cependant, s'il n'existe pas encore un type moyen du Français, il existe au moins des types moyens de certaines régions. Ces types sont malheureusement bien séparés encore par les idées et le caractère. Il est donc par conséquent difficile de trouver des institutions qui puissent leur convenir également, et ce n'est que par une centralisation énergique qu'il est possible de leur donner quelques communauté de pensée. Nos divergences profondes de sentiments et de croyances, et les bouleversements politiques qui en sont la conséquence, tiennent principalement à des différences de constitution mentale que l'avenir seul pourra peut-être effacer.

Il en a toujours été ainsi quand des races différentes se sont trouvées en contact. Les dissentiments et les luttes intestines ont toujours été d'autant plus profondes que les races en présence étalon t plus différentes. Quand elles sont trop dissemblables, il devient absolument impossible de les faire vivre sous les mêmes institutions et les mêmes lois. L'histoire des grands empires formés de races différentes a toujours été identique. Ils disparaissent le plus souvent avec leur fondateur. Parmi les nations modernes, les Hollandais et les Anglais ont seuls réussi à imposer leur joug à des peuples asiatiques fort différents d'eux, mais ils n'y sont parvenus que parce qu'ils ont su respecter les mœurs, les coutumes et les lois de ces peuples, les laissant en réalité s'administrer eux-mêmes, et bornant leur rôle à toucher une partie des impôts, à pratiquer le commerce et à maintenir la paix.

Gustave Le Bon

A part ces rares exceptions, tous les grands empires réunissant des peuples dissemblables ne peuvent être créés que par la force et sont condamnés à périr par la violence. Pour qu'une nation puisse se former et durer il faut qu'elle se soit constituée lentement, par le mélange graduel de races peu différentes, croisées constamment entre elles, vivant sur le même sol, subissant l'action des mêmes milieux, ayant les mêmes institutions et les mêmes croyances. Ces races diverses peuvent alors, au bout de quelques siècles, former une nation bien homogène.

À mesure que vieillit le monde, les races deviennent de plus en plus stables, et leurs transformations par voie de mélange de plus en plus rares. En avançant en âge l'humanité sent le poids de l'hérédité devenir plus lourd et les transformations plus difficiles. En ce qui concerne l'Europe, on peut dire que l'ère de formation des races historiques sera bientôt passée.

# LIVRE II

## COMMENT LES CARACTÈRES PSYCHOLOGIQUES DES RACES SE MANIFESTENT DANS LES DIVERS ÉLÉMENTS DE LEURS CIVILISATIONS

### CHAPITRE PREMIER
### LES DIVERS ÉLÉMENTS D'UNE CIVILISATION COMME MANIFESTATION EXTÉRIEURE DE L'AME D'UN PEUPLE

*Les éléments dont une civilisation se compose sont les manifestations extérieures de l'âme des peuples qui les ont créés. — L'importance de ces divers éléments varie d'un peuple à mi autre. — Les arts, la littérature, les institutions, etc., jouent, suivant les peuples, le rôle fondamental. — Exemples fournis dans l'antiquité par les Égyptiens, les Grecs et les Romains. — Les divers éléments d'une civilisation peuvent avoir une évolution indépendante de la marche générale de cette civilisation. — Exemples fournis par les arts. — Ce qu'ils traduisent. — Impossibilité de trouver dans un seul élément d'une civilisation la mesure du niveau de cette civilisation. — Éléments qui assurent la supériorité à un peuple. — Des éléments philosophiquement fort inférieurs peuvent être, socialement, très supérieurs.*

Les éléments divers : langues, institutions, idées, croyances, arts, littérature, dont une civilisation se compose, doivent être considérés comme la manifestation extérieure de l'âme des hommes qui les ont créés. Mais suivant les époques et les races, l'importance de ces éléments comme expression de l'âme d'un peuple est fort inégale.

Il n'est guère aujourd'hui de livres consacrés aux œuvres d'art, où il ne soit répété qu'elles traduisent fidèlement la pensée des peuples et sont la plus importante expression de leur civilisation.

Sans doute il en est souvent ainsi, mais il s'en faut de beaucoup que cette règle soit absolue, et que le développement des arts corresponde toujours au développement intellectuel des nations. S'il est des peuples pour qui les œuvres d'art sont la plus importante manifestation de leur âme, il en est d'autres, très haut placés pourtant sur l'échelle de la civilisation, chez qui les arts n'ont joué qu'un rôle fort secondaire. Si l'on était condamné à écrire l'histoire de la civilisation de chaque peuple en ne prenant qu'un élément, cet élément devrait varier d'un peuple à l'autre.Ce seraient les arts pour les uns, mais, pour les autres, ce seraient les institutions, l'organisation militaire, l'industrie, le commerce, etc., qui nous permettraient de les mieux connaître. C'est un point qu'il importe d'abord d'établir, car il nous permettra plus tard de comprendre pourquoi les divers éléments de la civilisation ont subi des transformations très inégales en se transmettant d'un peuple à un autre.

Parmi les peuples de l'antiquité, les Égyptiens et les Romains présentent des exemples tout à fait caractéristiques de cette inégalité dans le développement des divers éléments d'une civilisation, et même dans les diverses branches dont chacun de ces éléments se compose.

Prenons d'abord les Égyptiens. Chez eux, la littérature fut toujours très faible, la peinture fort médiocre. L'architecture et la statuaire produisirent au contraire des chefs-d'œuvre. Leurs monuments provoquent encore notre admiration. Les statues qu'ils nous ont laissées telles que le Scribe, le Cheik-el-Beled, Rahotep, Nefert-Ari, et bien d'autres, seraient encore des modèles aujourd'hui, et ce n'est que pendant une bien courte période que les Grecs ont réussi à les surpasser.

Des Égyptiens, rapprochons les Romains, qui jouèrent un rôle si prépondérant dans l'histoire. Ils ne manquèrent ni d'éducateurs ni de modèles, puisqu'ils avaient les Égyptiens et les Grecs derrière eux ; et, cependant, ils ne réussirent pas à se créer un art personnel. Jamais, peut-être, aucun peuple ne manifesta moins d'originalité dans ses productions artistiques. Les Romains se souciaient fort peu des arts, ne les envisageaient guère qu'au point de vue utilitaire et n'y voyaient qu'une sorte d'article d'importation analogue aux autres produits, tels que les métaux, les aromates et les épices qu'ils demandaient aux peuples étrangers. Alors qu'ils étaient déjà les maîtres du monde, les Romains n'avaient pas d'art national, et même, à l'époque où la paix universelle, la richesse et les besoins du luxe développèrent un peu leurs faibles sentiments artistiques, ce fut toujours à la Grèce qu'ils demandèrent des modèles et des artistes. L'histoire de l'architecture et de la sculpture romaines ne sont guère qu'un sous-chapitre de l'histoire de l'architecture et de la sculpture grecques.

Mais ce grand peuple romain, si inférieur dans ses arts, éleva au plus haut degré trois autres éléments de la civilisation. Il eut des institutions militaires qui lui assurèrent la domination du monde ; des institutions politiques et judiciaires que nous copions encore ; enfin il créa une littérature dont la nôtre s'est inspirée pendant des siècles.

Nous voyons donc, d'une façon frappante, l'inégalité de développement des éléments de la civilisation chez deux nations dont le haut degré de culture ne saurait être contesté, et nous pouvons pressentir les erreurs auxquelles on s'exposerait en ne prenant pour échelle qu'un de ces éléments, les arts par exemple. Nous venons de trouver chez les Egyptiens des arts extrêmement originaux et remarquables, la peinture exceptée ; une littérature, au contraire, fort médiocre. Chez les Romains, des arts médiocres, sans traces d'originalité, nais une littérature brillante, et enfin des institutions politiques et militaires de premier ordre.

Les Grecs eux-mêmes, un des peuples qui ont manifesté le plus de supériorité dans les branches les plus différentes, peuvent être cités également pour prouver le défaut de parallélisme entre le développement des divers éléments de la civilisation. A l'époque homérique, leur littérature était déjà fort brillante, puisque les chants d'Homère sont encore regardés comme des modèles dont la jeunesse universitaire de l'Europe est condamnée à se saturer depuis des siècles ; et pourtant les découvertes de l'archéologie moderne ont prouvé qu'à l'époque à laquelle remontent les chants homériques, l'architecture et la sculpture grecques étaient grossièrement barbares, et ne se composaient que d'informes imitations de l'Égypte et de l'Assyrie.

Nais ce sont surtout les hindous qui nous montreront ces inégalités de développement des divers éléments de la civilisation. Au point de vue de l'architecture, il est bien peu de peuples qui les aient dépassés. Au point de vue de la philosophie, leurs spéculations ont atteint une profondeur à laquelle la pensée européenne n'est arrivée qu'à une époque toute récente. En littérature, s'ils ne valent pas les Grecs et les Latins, ils ont produit cependant des morceaux admirables. Pour la statuaire, ils sont au contraire médiocres et très au-dessous des Grecs. Sur le domaine des sciences et sur celui des connaissances historiques, ils sont absolument nuls, et on constate chez eux une absence de précision qu'on ne rencontre chez aucun peuple à un pareil degré. Leurs sciences n'ont été que des spéculations enfantines ; leurs livres d'histoire d'absurdes légendes, ne renfermant pas une seule date et probablement pas un seul événement exact. Ici encore, l'étude exclusive des arts serait insuffisante pour donner l'échelle de la civilisation chez ce peuple.

Bien d'autres exemples peuvent être fournis à l'appui de ce qui précède. Il y a des races qui, sans jamais avoir occupé un rang tout à fait supérieur, réussirent à se créer un art absolument personnel, sans parenté visible avec les modèles antérieurs. Tels furent les Arabes. Moins d'un siècle après qu'ils eurent envahi le vieux monde gréco-romain, ils avaient transformé l'architecture byzantine adoptée par eux tout d'abord, au point qu'il serait impossible de découvrir de quels types ils se sont inspirés, si nous n'avions encore sous les yeux la série des monuments intermédiaires.

Alors même d'ailleurs qu'il ne posséderait aucune aptitude artistique ou littéraire, un peuple peut créer une civilisation élevée. Tels furent les Phéniciens, qui n'eurent d'autre supériorité que leur habileté commerciale. C'est par leur intermédiaire que s'est civilisé le monde antique dont ils mirent toutes les parties en relation ; mais par eux-mêmes ils n'ont à peu près rien produit, et l'histoire de leur civilisation n'est que l'histoire de leur commerce.

Il est enfin des peuples chez qui tous les éléments de la civilisation restèrent inférieurs, à l'exception des arts. Tels furent les Mogols. Les monuments qu'ils élevèrent dans l'Inde, et dont le style n'a presque rien d'hindou, sont tellement splendides qu'il en est quelques-uns que des artistes compétents ont qualifié des plus beaux monuments édifiés par la main des hommes ; et cependant personne ne pourrait songer à classer les Mogols parmi les races supérieures.

On remarquera d'ailleurs que, même chez les peuples les plus civilisés, ce n'est pas toujours à l'époque culminante de leur civilisation que les arts atteignent le plus haut degré de développement. Chez les Égyptiens et chez les Hindous, les monuments les plus parfaits sont généralement les plus anciens ; en Europe, c'est au moyen âge, regardé comme une époque de demi-barbarie, qu'a fleuri ce merveilleux art gothique dont les œuvres admirables n'ont jamais été égalées.

Il est donc tout à fait impossible de juger du niveau d'un peuple uniquement par le développement de ses arts. Ils ne constituent, je le répète, qu'un des éléments de sa civilisation ; et il n'est pas démontré du tout que cet élément — pas plus que la littérature d'ailleurs — soit le plus élevé. Souvent, au contraire, ce sont les peuples placés à la tête de la civilisation les Romains dans l'antiquité, les Américains de nos jours, chez qui les œuvres artistiques sont les plus faibles. Souvent aussi, comme nous le disions à l'instant, ce fut aux âges de demi-barbarie que les peuples enfantèrent leurs chefs-d'œuvre littéraires et artistiques, leurs chefs-d'œuvre artistiques surtout. Il semblerait même que la période de personnalité dans les arts, chez un peuple, est une éclosion de son enfance ou de sa jeunesse, et non pas de son âge mûr ; et, si l'on considère que, dans les préoccupations utilitaires du monde nouveau dont nous entrevoyons l'aurore, le rôle des arts est à peine marqué, nous pouvons prévoir le jour où ils seront classés parmi les manifestations, sinon inférieures, au moins tout à fait secondaires d'une civilisation.

Bien des raisons s'opposent à ce que les arts suivent dans leur évolution des progrès parallèles à ceux des autres éléments d'une civilisation et puissent toujours renseigner par conséquent sur l'état de cette civilisation. Qu'il s'agisse de l'Égypte, de la Grèce ou des divers peuples de l'Europe, nous constatons cette loi générale qu'aussitôt que l'art a atteint un certain niveau, c'est-à-dire que certains chefs-d'œuvre ont été créés, commence immédiatement une période de décadence, tout à fait indépendante du mouvement des autres éléments de la civilisation. Cette phase de décadence des arts subsiste jusqu'à ce qu'une révolution politique, une invasion, l'adoption de croyances nouvelles ou tout autre facteur vienne introduire dans l'art des éléments nouveaux. C'est ainsi qu'au moyen âge les croisades apportèrent des connaissances et des idées nouvelles qui imprimèrent à l'art une impulsion d'où résulta la transformation du style roman en style ogival. C'est ainsi encore que, quelques siècles plus tard, la Renaissance des études gréco-latines amena la transformation de l'art gothique en art de la Renaissance. C'est également ainsi que, dans l'Inde, les invasions musulmanes amenèrent la transformation de l'art hindou.

Il importe de remarquer, également, que puisque les arts traduisent d'une façon générale certains besoins de la civilisation et correspondent à certains sentiments ils sont condamnés à subir des transformations conformes à ces besoins, et même à disparaître entièrement si les besoins et les sentiments qui les ont engendrés viennent eux-mêmes à se transformer ou à disparaître. Il ne s'ensuivra pas du tout pour cela que la civilisation soit en décadence, et ici encore nous saisissons le défaut de parallélisme entre l'évolution des arts et celle des autres éléments de la civilisation. A aucune époque de l'histoire, la civilisation n'a été aussi élevée qu'aujourd'hui, et à aucune époque, peut-être, il n'y eut d'art plus banal et moins personnel. Les croyances religieuses, les idées et les besoins qui faisaient de l'art un élément essentiel de la civilisation, aux époques où elle avait pour sanctuaires les temples et les palais, ayant disparu, l'art est devenu un accessoire, une chose d'agrément à laquelle il n'est possible de consacrer ni beaucoup de temps ni beaucoup d'argent. N'étant plus une nécessité, il ne peut plus guère être qu'artificiel et d'imitation. Il n'y a plus de peuples aujourd'hui qui aient un art national, et chacun, en architecture comme en sculpture, vit des copies plus ou moins heureuses d'époques disparues.

Elles représentent sans doute des besoins ou des caprices, ces modestes copies, mais il est visible qu'elles ne sauraient traduire nos idées modernes. J'admire les œuvres naïves de nos artistes du moyen âge peignant des saints, le Christ, le paradis et l'enfer, choses tout à fait fondamentales alors, et qui étaient le principal objectif de l'existence ; mais quand des peintres qui n'ont plus ces croyances couvrent nos murs de légendes primitives ou de symboles enfantins, en essayant de revenir à la technique d'un autre âge, ils ne font que de misérables pastiches sans intérêt pour le présent et que méprisera l'avenir.

Les seuls arts réels, les seuls qui traduisent une époque, sont ceux où l'artiste représente ce qu'il sent ou ce qu'il voit au lieu de se borner à des imitations de formes correspondant à des besoins ou à des croyances que nous n'avons plus. La seule peinture sincère de nos jours est la reproduction des choses qui nous entourent, la seule architecture également sincère, est celle de la maison à cinq étages, du viaduc et de la gare de chemin de fer. Cet art utilitaire correspond aux besoins et aux idées de notre civilisation. Il est aussi caractéristique d'une époque que le fut jadis l'église gothique et le château féodal. Pour l'archéologue de l'avenir, les grands caravansérails modernes et les églises gothiques anciennes présenteront un intérêt égal parce que ce seront des pages successives de ces livres de pierre que chaque siècle laisse derrière lui, alors qu'il dédaignera comme d'inutiles documents les maigres contrefaçons de tant d'artistes modernes.

Chaque esthétique représente l'idéal d'une époque et d'une race, et par cela seul que les époques et les races sont différentes, l'idéal doit constamment varier. Au point de vue philosophique, tous les idéaux se valent, car ils ne constituent que de transitoires symboles.

Les arts sont donc de même que tous les éléments d'une civilisation, la manifestation extérieure de l'âme du peuple qui les a créés, mais nous devons reconnaître aussi qu'il s'en faut de beaucoup qu'ils constituent pour tous les peuples la plus exacte manifestation de leur pensée.

La démonstration était nécessaire. Car, à l'importance que prend chez un peuple un élément de civilisation, se mesure la puissance de transformation que ce peuple applique au même élément lorsqu'il l'emprunte à une race étrangère. Si sa personnalité se manifeste surtout dans les arts, par exemple, il ne saura reproduire des modèles importés sans les marquer profondément à son empreinte. Au contraire, il transformera peu les éléments qui ne sauraient servir d'interprètes à son génie. Lorsque les Romains adoptèrent l'architecture des Grecs, ils ne lui firent pas subir de modifications radicales, parce que ce n'est pas dans leurs monuments qu'ils mettaient le plus de leur âme.

Et, cependant, même chez un pareil peuple, dénué d'une architecture personnelle, obligé d'aller chercher à l'étranger ses modèles et ses artistes, l'art est obligé de subir en peu de siècles l'influence du milieu et de devenir, presque malgré lui, l'expression de la race qui l'adopte. Les temples, les palais, les arcs de triomphe, les bas-reliefs de la Rome antique sont œuvres de Grecs ou d'élèves de Grecs ; et pourtant le caractère de ces monuments, leur destination, leurs ornements, leurs dimensions mêmes, n'éveillent plus en nous les souvenirs poétiques et délicats du génie athénien, mais bien l'idée de force, de domination, de passion militaire, qui soulevait la grande âme de Rome. Ainsi, même sur le domaine où elle se montre le moins personnelle, une race ne peut faire un pas sans y laisser quelque trace qui n'appartient qu'à elle et qui nous révèle quelque chose de sa constitution mentale et de son intime pensée.

C'est qu'en effet l'artiste véritable, qu'il soit architecte, littérateur ou poète, possède la faculté magique de traduire dans ses synthèses l'âme d'une époque et d'une race. Très impressionnables, très inconscients, pensant surtout par images, et raisonnant fort peu, les artistes sont à certaines époques les miroirs fidèles de la société dans laquelle ils vivent ; leurs œuvres, les plus exacts des documents qu'on puisse invoquer pour restituer une civilisation. Ils sont trop inconscients pour n'être pas sincères, et trop impressionnés par le milieu qui les entoure pour ne pas en traduire fidèlement les idées, les sentiments, les besoins et les tendances. De liberté, ils n'en ont pas, et c'est ce qui fait leur force. Ils sont enfermés dans un réseau de traditions, d'idées, de croyances, dont l'ensemble constitue l'âme d'une race et d'une époque, l'héritage de sentiments, de pensées et d'inspirations dont l'influence est toute-puissante sur eux, parce qu'elle gouverne les régions obscures de l'inconscient où s'élaborent leurs œuvres. Si, n'ayant pas ces œuvres, nous ne savions des siècles morts que ce qu'en disent les absurdes récits et les arrangements artificiels des livres d'histoire, le véritable passé de chaque peuple nous serait presque aussi fermé que celui de cette mystérieuse Atlantide submergée par les flots dont parle Platon.

Le propre de l'œuvre d'art réelle est donc d'exprimer sincèrement les besoins et les idées du temps qui l'ont vue naître. De tous les langages divers qui racontent le passé, les œuvres d'art, celles de l'architecture surtout, sont les plus intelligibles encore. Plus sincères que les livres, moins artificielles que les religions et les langues, elles traduisent à la fois des sentiments et des besoins. L'architecte est le constructeur de la demeure de l'homme et de celle des dieux ; or ce fut toujours dans l'enceinte du temple et dans celle du foyer que s'élaborèrent les causes premières des événements qui constituent l'histoire.

De ce qui précède nous pouvons conclure que si les divers éléments dont une civilisation se compose sont bien l'expression de l'âme du peuple qui les a créés, certains de ces éléments variables suivant les races et variables aussi suivant les époques chez la même race traduisent beaucoup mieux que d'autres l'âme d'une race.

Mais puisque la nature de ces éléments varie d'un peuple à l'autre, d'une époque à l'autre, il est évident qu'il est impossible d'en trouver un seul dont on puisse se servir comme de commune mesure pour évaluer le niveau des diverses civilisations.

Il est évident aussi qu'on ne peut établir entre ces éléments de classement hiérarchique, car le classement varierait d'un siècle à l'autre, l'importance des éléments considérés variant elle-même avec les époques.

Si l'on ne jugeait de la valeur des divers éléments d'une civilisation qu'au point de vue de l'utilité pure, on arriverait à dire que les éléments de civilisation les plus importants sont ceux qui permettent à un peuple d'asservir les autres, c'est-à-dire les institutions militaires. Mais alors il faudrait placer les Grecs, artistes, philosophes et lettrés, au-dessous des lourdes cohortes de Rome, les sages et savants Égyptiens au-dessous des Perses demi-barbares, les Hindous au-dessous des Mogols également demi-barbares.

Ces distinctions subtiles, l'histoire ne s'en préoccupe guère. La seule supériorité, devant laquelle elle s'incline toujours, est la supériorité militaire ; mais celle-ci s'accompagne bien rarement d'une supériorité correspondante dans les autres éléments de la civilisation, ou, du moins, ne la laisse pas subsister longtemps à ses côtés. La supériorité militaire ne peut malheureusement s'affaiblir chez un peuple sans qu'il soit bientôt condamné à disparaître. Ce fut toujours alors qu'ils étaient arrivés à l'apogée de la civilisation, que les peuples supérieurs durent céder la place à des barbares très inférieurs à eux par l'intelligence, mais possédant certaines qualités de caractère et de valeur guerrière, que les civilisations trop raffinées ont toujours eu pour résultat de détruire.

Il faudrait donc arriver à cette conclusion attristante que ce sont les éléments, philosophiquement inférieurs, d'une civilisation qui, socialement, sont les plus importants. Si les lois de l'avenir devaient être celles du passé, on pourrait dire que ce qui est le plus nuisible pour un peuple, c'est d'être arrivé à un trop haut degré d'intelligence et de culture. Les peuples périssent dès que s'altèrent les qualités de caractère qui forment la trame de leur âme et ces qualités s'altèrent dès que grandissent leur civilisation et leur intelligence.

## CHAPITRE II
## COMMENT SE TRANSFORMENT LES INSTITUTIONS, LES RELIGIONS ET LES LANGUES

*Les races supérieures, ne peuvent, pas plus que les races inférieures, transformer brusquement les éléments de leur civilisation, — Contradictions présentées par les peuples qui ont changé leurs religions, leurs langues et leurs arts. — Le cas du Japon. — En quoi ces changements ne sont qu'apparents. — Transformations profondes subies par le Bouddhisme, le Brahmanisme, l'Islamisme et le Christianisme, suivant les races qui les ont adoptés. — Variations que subissent les institutions et les langues suivant la race qui les adopte. — Comment les mots considérés comme se correspondant dans des langues différentes représentent des idées et des modes de penser très dissemblables. — Impossibilité, pour cette raison, de traduire certaines langues. — Pourquoi, dans les livres d'histoire, la civilisation d'un peuple paraît parfois subir des changements profonds. — Limites de l'influence réciproque des diverses civilisations.*

Dans un travail publié ailleurs, nous avons montré que les races supérieures sont dans l'impossibilité de faire accepter ou d'imposer leur civilisation aux races inférieures. Prenant un à un les plus puissants moyens d'action dont les Européens disposent, l'éducation, les institutions et les croyances, nous avons démontré l'insuffisance absolue de ces moyens d'action pour changer l'état social des peuples inférieurs. Nous avons essayé d'établir que, tous les éléments d'une civilisation correspondant à une certaine constitution mentale bien définie créée par un long passé héréditaire, il était impossible de les modifier sans changer la constitution mentale d'où ils dérivent. Les siècles seuls, et non les conquérants, peuvent accomplir une telle tâche. Nous avons fait voir aussi que c'est seulement par une série d'étapes successives, analogues à celles que franchirent les barbares, destructeurs de la civilisation gréco-romaine, qu'un peuple peut s'élever sur l'échelle de la civilisation. Si, au moyen de l'éducation, on essaye de lui éviter ces étapes, on ne fait que désorganiser sa morale et son intelligence, et le ramener finalement à un niveau inférieur à celui où il était arrivé par lui-même.

L'argumentation que nous avons appliquée aux races inférieures est applicable également aux races supérieures. Si les principes que nous avons exposés dans cet ouvrage sont exacts, nous devrons constater que les races supérieures ne peuvent pas non plus transformer brusquement leur civilisation. A elles aussi il faut le temps et les étapes successives.Si des peuples supérieurs semblent parfois avoir adopté des croyances, des institutions, des langues et des arts différents de ceux de leurs ancêtres, ce n'est, en réalité, qu'après les avoir transformés lentement et profondément, de façon à les mettre en rapport avec leur constitution mentale.

L'histoire semble contredire à chaque page la proposition qui précède. On y voit très fréquemment des peuples changer les éléments de leur civilisation, adopter des religions nouvelles, des langues nouvelles, des institutions nouvelles. Les uns abandonnent des croyances plusieurs fois séculaires, pour se convertir au christianisme, au bouddhisme ou à l'islamisme ; d'autres transforment leur langue ; d'autres enfin modifient radicalement leurs institutions et leurs arts. Il semble même qu'il suffise d'un conquérant ou d'un apôtre, ou même d'un simple caprice, pour produire très facilement de semblables transformations.

Mais, en nous offrant le récit de ces brusques révolutions, l'histoire ne fait qu'accomplir une de ses tâches habituelles : créer et propager de longues erreurs. Lorsqu'on étudie de près tous ces prétendus changements, on s'aperçoit bientôt que les noms seuls des choses varient aisément, tandis que les réalités qui se cachent derrière les mots continuent à vivre et ne se transforment qu'avec une extrême lenteur.

Pour le prouver, et pour montrer en même temps comment, derrière des dénominations semblables, s'accomplit la lente évolution des choses, il faudrait étudier les éléments de chaque civilisation chez divers peuples, c'est-à-dire refaire leur histoire. Cette lourde tâche, je l'ai déjà tentée dans plusieurs volumes ; je ne saurais donc songer à la recommencer ici. Laissant de côté les nombreux éléments dont une civilisation se compose, je ne choisirai comme exemple que l'un d'eux : les arts.

Avant d'aborder, cependant, dans un chapitre spécial, l'étude de l'évolution qu'accomplissent les arts en passant d'un peuple à un autre, je dirai quelques mots des changements que subissent les autres éléments de la civilisation, afin de montrer que les lois applicables à un seul de ces éléments sont bien applicables à tous, et que, si les arts des peuples sont en rapport avec une certaine constitution mentale, les langues, les institutions, les croyances, etc., le sont également, et, par conséquent, ne peuvent brusquement changer et passer indifféremment d'un peuple à un autre [1].

C'est surtout en ce qui concerne les croyances religieuses que cette théorie peut sembler paradoxale, et c'est pourtant dans l'histoire de ces croyances mêmes qu'on peut trouver les meilleurs exemples à invoquer, pour prouver qu'il est aussi impossible à un peuple de changer brusquement les éléments de sa civilisation, qu'à un individu de changer sa taille ou la couleur de ses yeux.

Sans doute personne n'ignore que toutes les grandes religions, le brahmanisme, le bouddhisme, le christianisme, l'islamisme, ont provoqué des conversions en masse chez des races entières qui ont paru les adopter tout à coup ; mais quand on pénètre un peu dans l'étude de ces conversions, on constate bientôt que ce que les peuples ont changé surtout, c'est le nom de leur ancienne religion, et non la religion elle-même ; qu'en réalité les croyances adoptées ont subi les transformations nécessaires pour se mettre en rapport avec les vieilles croyances qu'elles sont venues remplacer, et dont

---

1 Je n'aborderai pas ici le cas du Japon que j'ai déjà traité ailleurs et sur lequel je reviendrai sûrement un jour. Il serait impossible d'étudier en quelques pages une question sur laquelle des hommes d'Etat éminents, malheureusement suivis par des philosophes peu éclairés, s'illusionnent si complètement. Le prestige des triomphes militaires, fussent-ils obtenus sur de simples barbares, reste encore pour bien des esprits le seul critérium du niveau d'une civilisation. Il est possible de dresser à l'européenne une armée de nègres, de leur apprendre à manier fusils et canons, on n'aura pas pour cela modifié leur infériorité mentale et tout ce qui découle de cette infériorité. Le vernis de civilisation européenne qui recouvre actuellement le Japon ne correspond nullement à l'état mental de la race. C'est un misérable habit d'emprunt que déchireront bientôt de violentes révolutions.

elles n'ont été en réalité que la simple continuation.

Les transformations subies par les croyances, en passant d'un peuple à un autre, sont même si considérables souvent, que la religion nouvellement adoptée n'a plus aucune parenté visible avec celle dont elle garde le nom. Le meilleur exemple nous est fourni par le bouddhisme, qui, après avoir été transporté en Chine, y est devenu à ce point méconnaissable que les savants l'ont pris d'abord pour une religion indépendante et ont mis fort longtemps à reconnaître que cette religion était simplement le bouddhisme transformé par la race qui l'avait adopté. Le bouddhisme chinois n'est pas du tout le bouddhisme de l'Inde, fort différent lui-même du bouddhisme du Népal, lequel s'éloigne aussi du bouddhisme de Ceylan. Dans l'Inde, le bouddhisme ne fut qu'un schisme du brahmanisme, qui l'avait précédé, et dont il diffère au fond assez peu ; en Chine, il fut également un schisme de croyances antérieures auxquelles il se rattache étroitement.

Ce qui est rigoureusement démontré pour le bouddhisme ne l'est pas moins pour le brahmanisme. Les races de l'Inde étant extrêmement diverses, il était facile de présumer que, sous des noms identiques, elles devaient avoir des croyances religieuses extrêmement différentes. Sans doute tous les peuples brahmaniques considèrent Vishnou et Siva comme leurs divinités principales, les Védas comme leurs livres sacrés ; mais ces dieux fondamentaux n'ont laissé dans la religion que leurs noms, les livres sacrés que leur texte. A côté d'eux se sont formés des cultes innombrables où l'on retrouve, suivant les races, les croyances les plus variées : monothéisme, polythéisme, fétichisme, panthéisme, culte des ancêtres, des démons, des animaux, etc. A ne juger des cultes de l'Inde que par ce qu'en disent les Védas, on n'aurait pas la plus légère idée des dieux ni des croyances qui règnent dans l'immense péninsule. Le titre des livres sacrés est vénéré chez tous les brahmanes, mais de la religion que ces livres enseignent, il ne reste généralement rien.

L'islamisme lui-même, malgré la simplicité de son monothéisme, n'a pas échappé à cette loi : il y a loin de l'islamisme de la Perse à celui de l'Arabie et à celui de l'Inde. L'Inde, essentiellement polythéiste, a trouvé moyen de rendre polythéiste la plus monothéiste des croyances. Pour les cinquante millions de musulmans hindous, Mahomet et les saints de l'Islam ne sont guère que des dieux nouveaux ajoutés à des milliers d'autres. L'islamisme n'a même pas réussi à établir dans l'Inde cette égalité de tous les hommes, qui fut ailleurs une des causes de son succès : les musulmans de l'Inde pratiquent, comme les autres hindous, le système des castes. Dans le Dekkan, parmi les populations dravidiennes, l'islamisme est devenu tellement méconnaissable, qu'on ne peut guère le distinguer du brahmanisme ; il ne s'en distinguerait même pas du tout sans le nom de Mahomet, et sans la mosquée, où le prophète, devenu dieu, est adoré.

Il n'est pas besoin d'aller jusque dans l'Inde pour voir les modifications profondes qu'a subies l'islamisme en passant d'une race à une autre. Il suffit de regarder notre grande possession, l'Algérie. Elle contient deux races fort différentes : Arabes et Berbères, également musulmans. Or, il y a loin de l'islamisme des premiers à celui des seconds ; la polygamie du Coran est devenue monogamie chez les Berbères, dont la religion n'est guère qu'une fusion de l'islamisme avec le vieux paganisme qu'ils ont pratiqué depuis les âges lointains où dominait Carthage.

Les religions de l'Europe elles-mêmes ne sont pas soustraites à la loi commune de se transformer suivant l'âme des races qui les adoptent. Comme dans l'Inde, la lettre des dogmes fixés par les textes est restée invariable ; mais ce sont de vaines formules dont chaque race interprète le sens à sa façon. Sous la dénomination uniforme de chrétiens, on trouve en Europe de vrais païens, tels que le Bas-Breton priant des idoles ; des fétichistes, tels que l'Espagnol qui adore des amulettes ; des polythéistes, tels que l'italien qui vénère comme des divinités fort diverses les madones de chaque village. Poussant l'étude plus loin, il serait facile de montrer que le grand schisme religieux de la Réforme fut la conséquence nécessaire de l'interprétation d'un même livre religieux par des races différentes : celles du Nord voulant discuter elles-mêmes leur croyance et régler leur vie, et celles du Midi restées bien en arrière au point de vue de l'indépendance et de l'esprit philosophique. Aucun exemple ne serait plus probant.

Mais ce sont là des faits dont le développement entraînerait trop loin. Nous devrons passer plus vite encore sur deux autres éléments fondamentaux de la civilisation, les institutions et les langues, parce qu'il faudrait entrer dans des détails techniques qui sortiraient par trop des limites de ce travail. Ce qui est vrai pour les croyances l'est également pour les institutions ; ces dernières ne peuvent se transmettre d'un peuple à un autre sans se transformer. Sans vouloir multiplier les exemples, je prie le lecteur de considérer simplement combien, dans les temps modernes, les mêmes institutions, imposées par la force ou la persuasion, se transforment suivant les races, tout en conservant des noms identiques. Je le montrerai dans un prochain chapitre, à propos des diverses régions de l'Amérique.

Les institutions sont en réalité la conséquence de nécessités sur lesquelles la volonté d'une seule génération d'hommes ne saurait avoir d'action. Pour chaque race et pour chaque phase de l'évolution de cette race, il y a des conditions d'existence, de sentiments, de pensées, d'opinions, d'influences héréditaires qui impliquent certaines institutions et n'en impliquent pas d'autres. Les étiquettes gouvernementales importent fort peu. Il n'a jamais été donné à un peuple de choisir les institutions qui lui semblaient les meilleures. Si un hasard fort rare lui permet de les choisir, il ne saurait les garder. Les nombreuses révolutions, les changements successifs de constitutions auxquels nous nous livrons depuis un siècle constituent une expérience qui aurait dû fixer depuis longtemps l'opinion des hommes d'État sur ce point. Je crois d'ailleurs qu'il n'y a plus guère que dans l'obtuse cervelle des foules et dans l'étroite pensée de quelques fanatiques que puisse encore persister l'idée que des changements sociaux importants se font à coups de décrets. Le seul rôle utile des institutions est de donner une sanction légale aux changements que les mœurs et l'opinion ont fini par accepter. Elles suivent ces changements mais ne les précédent pas. Ce n'est pas avec des institutions qu'on modifie le caractère et la pensée des hommes. Ce n'est pas avec elles qu'on rend un peuple religieux ou sceptique, qu'on lui apprend à se conduire lui-même au lieu de demander sans cesse à l'État de lui forger des chaînes.

Je n'insisterai pas plus pour les langues que je ne l'ai fait pour les institutions, et me bornerai à rappeler qu'alors même qu'elle est fixée par l'écriture, une langue se transforme nécessairement en passant d'un peuple à un autre, et c'est cela même qui rend si absurde l'idée d'une langue universelle. Sans doute, moins de deux siècles après la conquête, les Gaulois, malgré l'immense supériorité de leur nombre, avaient adopté le latin ; mais cette langue, le peuple la transforma bientôt suivant ses besoins et la logique spéciale de son esprit. De ces transformations, notre français moderne est finalement sorti.

Des races différentes ne sauraient longtemps parler la même langue. Les hasards des conquêtes, les intérêts de son commerce pourront sans doute amener un peuple à adopter une autre langue que sa langue maternelle, mais, en peu de générations, la langue adoptée sera entièrement transformée. La transformation sera d'autant plus profonde que la race à laquelle la langue a été empruntée diffère davantage de celle qui l'a empruntée.

On est toujours certain de rencontrer des langues dissemblables dans les pays où subsistent des races différentes. L'Inde en fournit un excellent exemple. La grande péninsule étant habitée par des races nombreuses et diverses, il n'est pas étonnant que les savants y comptent deux cent quarante langues, quelques-unes différant beaucoup plus entre elles que le grec ne diffère du français. Deux cent quarante langues, sans parler d'environ trois cents dialectes ! Parmi ces langues, la plus répandue est toute moderne, puisqu'elle n'a pas trois siècles d'existence ; c'est l'hindoustani, formé par la combinaison du persan et de l'arabe, que parlaient les conquérants musulmans, avec l'hindi, une des langues les plus répandues dans les régions envahies. Conquérants et conquis oublièrent bientôt leur langue primitive pour parler la langue nouvelle, adaptée aux besoins de la race nouvelle produite par le croisement des divers peuples en présence.

Je ne saurais insister davantage et suis obligé de me borner à indiquer les idées fondamentales. Si je pouvais entrer dans les développements nécessaires, j'irais plus loin et je dirais que, lorsque des peuples sont différents, les mots considérés chez eux comme correspondants représentent des modes de penser et de sentir tellement éloignés, qu'en réalité leurs langues n'ont pas de synonymes et que la traduction réelle de l'une à l'autre est impossible. On le comprend en voyant, à quelques siècles de distance, dans le même pays, dans la même race, le même mot correspondre à des idées tout à fait dissemblables.

Ce que tes mots anciens représentent, ce sont les idées des

hommes d'autrefois. Les mots qui étaient à l'origine des signes de choses réelles ont bientôt leur sens déformé par suite des changements des idées, des mœurs et des coutumes. On continue à raisonner sur ces signes usés qu'il serait trop difficile de changer, mais il n'y a plus aucune correspondance entre ce qu'ils représentaient à un moment donné et ce qu'ils signifient aujourd'hui. Lorsqu'il s'agit de peuples très éloignés de nous, ayant appartenu à des civilisations sans analogie avec les nôtres, les traductions ne peuvent donner que des mots absolument dénués de leur sens réel primitif, c'est-à-dire éveillant dans notre esprit des idées sans parenté avec celles qu'ils ont évoquées jadis. Ce phénomène est frappant, surtout pour les anciennes langues de l'Inde. Chez ce peuple aux idées flottantes, dont la logique n'a aucune parenté avec la nôtre, les mots n'ont jamais eu ce sens précis et arrêté que les siècles et la tournure de notre esprit ont fini par leur donner en Europe. Il y a des livres, comme les Védas, dont la traduction, vainement tentée, est impossible [1]. Pénétrer dans la pensée d'individus avec lesquels nous vivons, mais dont certaines différences d'âge, de sexe, d'éducation nous séparent, est déjà fort difficile ; pénétrer dans la pensée de races sur lesquelles s'est appesantie la poussière des siècles est une tâche qu'il ne sera jamais donné à aucun savant d'accomplir. Toute la science qu'on peut acquérir ne sert qu'à montrer la complète inutilité de telles tentatives.

Si brefs et si peu développés que soient les exemples qui précèdent, ils suffisent à montrer combien sont profondes les transformations que les peuples font subir aux éléments de civilisation qu'ils empruntent. L'emprunt parait souvent considérable, parce que les noms, en effet, changent brusquement ; mais il est toujours en réalité fort minime. Avec les siècles, grâce aux lents travaux des générations, et par suite d'additions successives, l'élément emprunté finit par différer beaucoup de l'élément auquel il s'est substitué tout d'abord. De ces variations successives, l'histoire, qui s'attache surtout aux apparences, ne tient guère compte, et, quand elle nous dit, par exemple, qu'un peuple adopta une religion nouvelle, ce que nous nous représentons aussitôt, ce ne sont pas du tout les

1 Parlant des nombreuses tentatives de traduction des Védas, un éminent indianiste, M. Barth, ajoute : « Un résultat se dégage de toutes ces études si diverses, et parfois si contradictoires, je veux dire notre impuissance à traduire ces documents au vrai sens du mot. »

Gustave Le Bon

croyances qui ont été adoptées réellement, mais bien la religion telle que nous la connaissons aujourd'hui. Il faut pénétrer dans l'étude intime de ces lentes adaptations pour bien comprendre leur genèse et saisir les différences qui séparent les mots des réalités.

L'histoire des civilisations se compose ainsi de lentes adaptations, de petites transformations successives. Si ces dernières nous paraissent soudaines et considérables, c'est parce que, comme en géologie, nous supprimons les phases intermédiaires pour n'envisager que les phases extrêmes.

En réalité, si intelligent et si bien doué qu'on suppose un peuple, sa faculté d'absorption pour un élément nouveau de civilisation est toujours fort restreinte. Les cellules cérébrales ne s'assimilent pas en un jour ce qu'il a fallu des siècles pour créer, et ce qui est adapté aux sentiments et aux besoins d'organismes différents. De lentes accumulations héréditaires permettent seules de telles assimilations. Lorsque nous étudierons plus loin l'évolution des arts chez le plus intelligent des peuples de l'antiquité, les Grecs, nous verrons qu'il lui a fallu bien des siècles pour sortir des grossières copies des modèles de l'Assyrie et de l'Égypte, et arriver d'étapes en étapes successives aux chefs d'œuvre que l'humanité admire encore.

Et cependant tous les peuples qui se sont succédé dans l'histoire — à l'exception de quelques peuples primitifs tels que les Égyptiens et les Chaldéens — n'ont guère eu qu'à s'assimiler, en les transformant suivant leur constitution mentale, les éléments de civilisation qui constituent l'héritage du passé.Le développement des civilisations eût été infiniment plus lent, et l'histoire des divers peuples n'eût été qu'un éternel recommencement, s'ils n'avaient pu profiter des matériaux élaborés avant eux. Les civilisations créées, il y a sept ou huit mille ans, par les habitants de l'Égypte et de la Chaldée, ont formé une source de matériaux où toutes les nations sont venues puiser tour à tour. Les arts grecs sont nés des arts créés sur les bords du Tigre et du Nil. Du style grec, est sorti le style romain qui, mélangé à des influences orientales, a donné successivement naissance aux styles byzantin, roman et gothique, styles variables suivant le génie et l'âge des peuples chez qui ils ont pris naissance, mais styles qui ont une commune origine.

Ce que nous venons de dire des arts est applicable à tous les éléments d'une civilisation institutions, langues et croyances. Les langues européennes dérivent d'une langue mère jadis parlée sur le plateau central de l'Asie. Notre droit est le fils du droit romain, fils lui-même de droits antérieurs. La religion juive dérive directement des croyances chaldéennes. Associée à des croyances aryennes, elle est devenue la grande religion qui régit les peuples de l'Occident depuis près de deux mille ans. Nos sciences elles-mêmes ne seraient pas ce qu'elles sont aujourd'hui sans le lent labeur des siècles. Les grands fondateurs de l'astronomie moderne, Copernic, Kepler, Newton, se rattachent à Ptolémée, dont les livres servirent à l'enseignement jusqu'au XVe siècle, et Ptolémée se rattache, par l'école d'Alexandrie, aux Égyptiens et aux Chaldéens. Nous entrevoyons ainsi, malgré les formidables lacunes dont l'histoire de la civilisation est pleine, une lente évolution de nos connaissances qui nous fait remonter à travers tes âges et les empires jusqu'à l'aurore de ces antiques civilisations, que la science moderne essaye aujourd'hui de rattacher aux temps primitifs où l'humanité n'avait pas d'histoire. Mais si la source est commune, les transformations — progressives ou régressives — que chaque peuple, suivant sa constitution mentale, fait subir aux éléments empruntés, sont fort diverses, et c'est l'histoire même de ces transformations qui constitue l'histoire des civilisations.

Nous venons de constater que les éléments fondamentaux dont se compose une civilisation sont individuels à un peuple, qu'ils sont le résultat, l'expression même de sa structure mentale, et qu'ils ne peuvent par conséquent passer d'une race à une autre sans subir des changements tout à fait profonds. Nous avons vu aussi que ce qui masque l'étendue de ces changements, c'est, d'une part, les nécessités linguistiques qui nous obligent à désigner sous des mots identiques des choses fort différentes, et, d'autre part, les nécessités historiques qui amènent à n'envisager que les formes extrêmes d'une civilisation, sans considérer les formes intermédiaires qui les unissent. En étudiant dans le prochain chapitre les lois générales de l'évolution des arts, nous pourrons montrer avec plus de précision encore la succession des changements qui s'opèrent sur les éléments fondamentaux d'une civilisation lorsqu'ils passent d'un peuple à un autre.

# CHAPITRE III

## COMMENT SE TRANSFORMENT LES ARTS

*Application des principes précédemment exposés à l'étude de l'évolution des arts chez les peuples orientaux. — L'Egypte. — Idées religieuses d'où ses arts dérivent. — Ce que devinrent ses arts transportés chez des races différentes : Ethiopiens, Grecs et Perses. — Infériorité primitive de l'art grec. — Lenteur de son évolution. — Adoption et évolution en Perse de l'art grec, de l'art égyptien et de l'art assyrien. — Les transformations subies par les arts dépendent de la race, et nullement des croyances religieuses. — Exemples fournis par les grandes transformations subies par l'art arabe suivant les races qui ont adopté l'Islamisme. — Application de nos principes à la recherche des origines et de l'évolution des arts de l'Inde. — L'Inde et la Grèce ont puisé aux mêmes sources, mais en raison de la diversité des races elles sont arrivées à des arts n'ayant aucune parenté. — Transformations immenses que l'architecture a subies dans l'Inde suivant les races qui l'habitent, et malgré la similitude des croyances.*

En examinant les rapports qui relient la constitution mentale d'un peuple, ses institutions, ses croyances et sa langue, j'ai dû me borner à de brèves indications. Pour élucider de tels sujets, il faudrait entasser des volumes.

En ce qui concerne les arts, un exposé clair et précis est infiniment plus facile. Une institution, une croyance sont choses de définition douteuse, d'interprétation obscure, il faut rechercher les réalités, changeantes à chaque époque, qui se cachent derrière des textes morts, se livrer à tout un travail d'argumentation et de critique pour arriver à des conclusions finalement contestables. Les œuvres d'art, les monuments surtout, sont au contraire fort définies et d'interprétation facile. Les livres de pierre sont les plus lumineux des livres, les seuls qui ne mentent jamais, et c'est pour cette raison que je leur ai donné une place prépondérante dans mes ouvrages sur l'histoire des civilisations de l'Orient. J'ai toujours eu la plus grande défiance pour les documents littéraires. Ils trompent souvent et instruisent rarement. Le monument ne trompe guère et instruit toujours. C'est lui qui garde le mieux la pensée des peuples morts. Il faut plaindre la cécité mentale des spécialistes qui n'y cherchent que des inscriptions.

Etudions donc maintenant comment les arts sont l'expression de la constitution mentale d'un peuple et comment ils se transforment en passant d'une civilisation à une autre.

Dans cet examen, je ne m'occuperai que des arts orientaux. La genèse et la transformation des arts européens ont été soumises à des lois identiques mais, pour montrer leur évolution chez les diverses races, il faudrait entrer dans des détails que ne saurait comporter le cadre infiniment restreint de cette étude.

Prenons d'abord les arts de l'Égypte, et voyons ce qu'ils sont devenus jadis en passant successivement chez trois races différentes : les nègres de l'Éthiopie, les Grecs et les Perses.

De toutes les civilisations qui ont fleuri sur la surface du globe, celle de l'Égypte s'est traduite le plus complètement dans ses arts. Elle s'y est exprimée avec tant de puissance et de clarté que les types artistiques nés sur les bords du Nil ne pouvaient convenir qu'à elle seule et n'ont été adoptés par d'autres peuples qu'après avoir subi de considérables transformations.

Les arts égyptiens, l'architecture surtout, sont issus d'un idéal particulier qui, durant cinquante siècles, fut la préoccupation constante de tout un peuple. L'Égypte rêvait de créer à l'homme une demeure impérissable en face de son existence éphémère. Cette race, au contraire de tant d'autres, a méprisé la vie et courtisé la mort. Ce qui l'intéressait avant tout, c'était l'inerte momie qui, de ses yeux d'émail incrustés dans son masque d'or, contemple éternellement, au fond de sa noire demeure, des hiéroglyphes mystérieux. A l'abri de toute profanation dans sa maison sépulcrale, vaste comme un palais, cette momie retrouvait, peint et sculpté sur les parois de corridors sans fin, ce qui l'avait charmée durant sa brève existence terrestre.

L'architecture égyptienne est surtout une architecture funéraire et religieuse, ayant plus ou moins pour but la momie et les dieux. C'est pour eux que se creusaient les souterrains, que s'élevaient les obélisques, les pylônes, les pyramides, pour eux encore que les colosses pensifs se dressaient sur leurs trônes de pierre avec un geste si majestueux et si doux.

Tout est stable et massif dans cette architecture, parce qu'elle visait à être éternelle. Si les Égyptiens étaient le seul peuple de l'antiquité que nous connaissions, nous pourrions bien dire, en effet, que l'art est la plus fidèle expression de l'âme de la race qui l'a créé.

Des peuples très différents les uns des autres : les Éthiopiens, race inférieure, les Grecs et les Perses, races supérieures, ont emprunté, soit à l'Égypte seule, soit à l'Égypte et à l'Assyrie, leurs arts. Voyons ce qu'ils sont devenus entre leurs mains.

Prenons d'abord le plus inférieur des peuples que nous venons de citer, les Éthiopiens.

On sait qu'à une époque fort avancée de l'histoire égyptienne (XXIV$^e$ dynastie), les peuples du Soudan, profitant de l'anarchie et de la décadence de l'Egypte, s'emparèrent de quelques-unes de ses provinces et fondèrent un royaume qui eut successivement Napata et Méroé pour capitale, et qui conserva son indépendance pendant plusieurs siècles. Éblouis par la civilisation des vaincus, ils essayèrent de copier leurs monuments et leurs arts ; mais ces copies, dont nous possédons des spécimens, ne sont le plus souvent que de grossières ébauches. Ces nègres étaient des barbares que leur infériorité cérébrale condamnait à ne jamais sortir de la barbarie ; et, malgré l'action civilisatrice des Égyptiens continuée pendant plusieurs siècles, ils n'en sont, en effet, jamais sortis. Il n'y a pas d'exemple dans l'histoire ancienne ou moderne qu'une peuplade nègre se soit élevée à un certain niveau de civilisation ; et toutes les fois que, par un de ces accidents qui, dans l'antiquité, se sont produits en Ethiopie, de nos jours à Haïti, une civilisation élevée est tombée entre les mains de la race nègre, cette civilisation a été rapidement ramenée à des formes misérablement inférieures.

Sous une latitude bien différente, une autre race, alors également barbare, mais une race blanche, celle des Grecs, emprunta à l'Égypte et à l'Assyrie les premiers modèles de ses arts, et se borna d'abord, elle aussi, à d'informes copies. Les produits des arts de ces deux grandes civilisations lui étaient fournis par les Phéniciens, maîtres des routes de la mer reliant les côtes de la Méditerranée, et par les peuples de l'Asie Mineure, maîtres des routes de terre qui conduisaient à Ninive et à Babylone.

Personne n'ignore à quel point les Grecs finirent par s'élever au-dessus de leurs modèles. Mais les découvertes de l'archéologie moderne ont prouvé aussi combien furent grossières leurs premières ébauches, et ce qu'il leur fallut de siècles pour arriver à produire les chefs-d'œuvre qui les rendirent immortels. A Cette lourde tache de créer un art personnel et supérieur avec un art étranger, les Grecs ont dépensé environ sept cents ans ; mais les progrès réalisés dans le dernier siècle sont plus considérables que ceux de tous les âges antérieurs. Ce qui est le plus long à franchir pour un peuple, ce ne sont pas les étapes supérieures de la civilisation, ce sont les étapes inférieures. Les plus anciens produits de l'art grec, ceux du Trésor de Mycènes, du XIIe siècle avant notre ère, indiquent des essais tout barbares, de grossières copies d'objets orientaux ; six siècles plus tard, l'art reste bien oriental encore ; l'Apollon de Ténéa, l'Apollon d'Orchomène ressemblent singulièrement à des statues égyptiennes ; mais les progrès vont devenir fort rapides, et, un siècle plus tard, nous arrivons à Phidias et aux merveilleuses statues du Parthénon, c'est-à-dire à un art dégagé de ses origines orientales et fort supérieur aux modèles dont il s'était inspiré pendant si longtemps.

Il en fut de même pour l'architecture, bien que les étapes de son évolution soient moins faciles à établir. Nous ignorons ce que pouvaient être les palais des poèmes homériques, vers le IXe siècle avant notre ère ; mais les murs d'airain, les faîtes brillant de couleurs, les animaux d'or et d'argent gardant les portes, dont nous parle le poète, font immédiatement songer aux palais assyriens revêtus de plaques de bronze et de briques émaillées, et gardés par des taureaux sculptés. Nous savons, en tout cas, que le type des plus anciennes colonnes doriques grecques, qui paraissent remonter au VIIe siècle, se retrouve en Égypte à Karnak et à Béni-Hassan ; que la colonne ionique a plusieurs de ses parties empruntées à l'Assyrie ; mais nous savons aussi que de ces éléments étrangers, un peu superposés d'abord, puis fusionnés, et enfin transformés, sont nés des colonnes nouvelles fort différentes de leurs primitifs modèles.

A une autre extrémité de l'ancien monde, la Perse va nous offrir une adoption et une évolution analogues, mais une évolution qui n'a pu arriver à son terme, parce qu'elle a été brusquement arrêtée par la conquête étrangère. La Perse n'a pas eu sept siècles, comme la Grèce, mais deux cents ans seulement pour se créer un art. Un seul peuple, les Arabes, a réussi jusqu'ici à faire éclore un art personnel dans un temps aussi court.

L'histoire de la civilisation perse ne commence guère qu'avec Cyrus et ses successeurs, qui réussirent, cinq siècles avant notre ère, à s'emparer de la Babylonie et de l'Égypte, c'est-à-dire des deux grands centres de civilisation dont la gloire éclairait alors le monde oriental. Les Grecs, qui devaient dominer à leur tour, ne comptaient pas encore. L'empire perse devint le centre de la civilisation, jusqu'à ce que, trois siècles avant notre ère, il fût renversé par Alexandre, qui déplaça du même coup le centre de la civilisation du inonde. Ne possédant aucun art, les Perses, lorsqu'ils se furent emparés de l'Égypte et de la Babylonie, lui empruntèrent des artistes et des modèles. Leur puissance n'ayant duré que deux siècles, ils n'eurent pas le temps de modifier profondément ces arts, mais, lorsqu'ils furent renversés, ils commençaient déjà à les transformer. Les ruines de Persépolis, encore debout, nous redisent la genèse de ces transformations. Nous y retrouvons sans doute la fusion, ou plutôt la superposition des arts de l'Égypte et de l'Assyrie, mêlés à quelques éléments grecs ; mais, des éléments nouveaux, notamment la haute colonne persépolitaine aux chapiteaux bicéphales, s'y montrent déjà, et permettent de pressentir que si le temps n'avait pas été si restreint pour les Perses, cette race supérieure se fût créé un art aussi personnel, sinon aussi élevé que celui des Grecs.

Nous en avons la preuve, lorsque nous retrouvons les monuments de la Perse une dizaine de siècles plus tard. A la dynastie des Achéménides, renversée par Alexandre, a succédé celle des Séleucides, puis celles des Arsacides et enfin celles des Sassanides, renversée au VIIᵉ siècle par les Arabes. Avec eux la Perse acquiert une architecture nouvelle et quand elle édifie de nouveau des monuments, ils ont un cachet d'originalité incontestable résultant de la combinaison de l'art arabe avec l'ancienne architecture des Achéménides, modifiée par sa combinaison avec l'art hellénisant des Arsacides (portails gigantesques prenant toute la hauteur de la façade, briques émaillées, arcades ogivales, etc.). Ce fut cet art nouveau que les Mogols devaient ensuite transporter dans l'Inde en le modifiant à leur tour.

Dans les exemples qui précèdent, nous trouvons des degrés variés des transformations qu'un peuple peut faire subir aux arts d'un autre, suivant la race et suivant le temps qu'il a pu consacrer à cette transformation.

Chez une race inférieure, les Éthiopiens, ayant cependant les siècles pour elle, mais n'étant douée que d'une capacité cérébrale insuffisante, nous avons vu que l'art emprunté avait été ramené à une forme inférieure. Chez une race, à la fois élevée et ayant les siècles pour elle, les Grecs, nous avons constaté une transformation complète de l'art ancien en un art nouveau fort supérieur. Chez une autre race, les Perses, moins élevée que les Grecs , et à laquelle le temps fut mesuré, nous n'avons trouvé qu'une grande habileté d'adaptation et des commencements de transformation.

Mais, en dehors des exemples la plupart lointains que nous venons de citer, il en est d'autres beaucoup plus modernes, dont les spécimens sont encore debout, qui montrent la grandeur des transformations qu'une race est obligée de faire subir aux arts qu'elle emprunte. Ces exemples sont d'autant plus typiques, qu'il s'agit de peuples professant la même religion, mais ayant des origines différentes. Je veux parler des musulmans.

Lorsqu'au VII<sup>e</sup> siècle de notre ère, les Arabes s'emparèrent de la plus grande partie du vieux monde gréco-romain, et fondèrent ce gigantesque empire qui s'étendit bientôt de l'Espagne au centre de l'Asie, en longeant tout le nord de l'Afrique, ils se trouvèrent en présence d'une architecture nettement définie : l'architecture byzantine. Ils l'adoptèrent simplement tout d'abord, aussi bien en Espagne qu'en Égypte et en Syrie, pour l'édification de leurs mosquées. La mosquée d'Omar, à Jérusalem, celle d'Amrou, au Caire, et d'autres monuments encore debout, nous montrent cette adoption. Mais elle ne dura pas longtemps, et on voit les monuments se transformer de contrée en contrée, de siècle en siècle. Dans notre *Histoire de la Civilisation des Arabes*, nous avons montré la genèse de ces changements. Ils sont tellement considérables, qu'entre un monument du début de la conquête, comme la mosquée d'Amrou, au Caire (742), et celle de Kaït-Bey (1468) de la fin de la grande période arabe, il n'y a pas trace de ressemblance. Nous avons fait voir par nos explications et nos figures que, dans les divers pays soumis à la loi de l'Islam l'Espagne, l'Afrique, la Syrie, la Perse, l'Inde, les monuments présentent des différences tellement considérables qu'il est vraiment impossible de les classer sous une même dénomination, comme on peut le faire, par exemple, pour les monuments gothiques, qui, malgré leurs variétés, présentent une évidente analogie.

Ces différences radicales dans l'architecture des pays musulmans ne peuvent tenir à la diversité des croyances, puisque la religion est la même ; elle tient à ces divergences de races, qui influent sur l'évolution des arts aussi profondément que sur les destinées des empires.

Si cette assertion est exacte, nous devons nous attendre à trouver dans un même pays, habité par des races différentes, des monuments fort dissemblables, malgré l'identité des croyances et l'unité de la domination politique. C'est là précisément ce qu'on peut observer dans l'Inde. C'est dans l'Inde qu'il est le plus facile de trouver des exemples venant à l'appui des principes généraux exposés dans cet ouvrage et c'est pourquoi j'y reviens toujours. La grande péninsule constitue le plus suggestif et le plus philosophique des livres d'histoire. C'est aujourd'hui la seule contrée, en effet, où, par de simples déplacements dans l'espace, on puisse se déplacer à volonté dans le temps, et revoir vivantes encore les séries d'étapes successives que l'humanité a dû traverser pour atteindre les niveaux supérieurs de la civilisation. Toutes les formes d'évolution s'y retrouvent : l'âge de la pierre y a ses représentants, et l'âge de l'électricité et de la vapeur les y possède également. Nulle part on ne saurait mieux voir le rôle des grands facteurs qui président à la genèse et à l'évolution des civilisations.

C'est en appliquant les principes développés dans le présent ouvrage que j'ai essayé de résoudre un problème cherché depuis longtemps : l'origine des arts de l'Inde. Le sujet étant fort peu connu et constituant une application intéressante de nos idées sur la psychologie des races, nous allons en résumer ici les lignes les plus essentielles [1].

---

1 Pour les détails techniques qui ne pourraient même pas être effleurés ici je renverrai à mon ouvrage : *Les Monuments de l'Inde*, un vol. in-folio illustré de 400 planches d'après mes photographies, plans et dessins (librairie Didot). Plusieurs de ces planches, réduites, ont paru dans mon ouvrage *Les Civilisations dans l'Inde*, in-4° de 800 pages.

COMMENT LES CARACTÈRES PSYCHOLOGIQUES DES RACES...

Au point de vue des arts, l'Inde n'apparaît que fort tard dans l'histoire. Ses plus vieux monuments, tels que les colonnes d'Asoka, les temples de Karli, de Bharhut, de Sanchi, etc., sont de deux siècles à peine antérieurs à notre ère. Lorsqu'ils furent construits, la plupart des vieilles civilisations du monde ancien, celles de l'Égypte, de la Perse et de l'Assyrie, celle de la Grèce elle-même, avaient terminé leur cycle et pénétraient dans la nuit de la décadence. Une seule civilisation, celle de Rome, avait remplacé toutes les autres. Le monde ne connaissait plus qu'un maître.

L'Inde, qui émergeait si tard de l'ombre de l'histoire, avait donc pu emprunter bien des choses aux civilisations antérieures ; mais l'isolement profond où naguère encore on admettait qu'elle avait toujours vécu, et l'étonnante originalité de ses monuments, sans parenté visible avec tous ceux qui les avaient précédés, a fait longtemps écarter toute hypothèse d'emprunts étrangers.

A côté de leur incontestable originalité, les premiers monuments de l'Inde montraient aussi une supériorité d'exécution que, dans la suite des siècles, ils ne devaient pas dépasser. Des œuvres d'une telle perfection avaient été précédées sans doute de longs tâtonnements antérieurs ; mais, malgré les plus minutieuses recherches, aucune ébauche, aucun monument d'ordre inférieur ne révélait la trace de ces tâtonnements.

La découverte récente, dans certaines régions isolées du nordouest de la péninsule, de débris de statues et de monuments révélant des influences grecques évidentes avait fini par faire croire aux indianistes que l'Inde avait emprunté ses arts à la Grèce.

L'application des principes précédemment exposés et l'examen approfondi de la plupart des monuments existant encore dans l'Inde, nous conduisit à une solution tout à fait différente. L'Inde, suivant nous, malgré son contact accidentel avec la civilisation grecque, ne lui a emprunté aucun de ses arts et ne pouvait lui en emprunter aucun. Les deux races en présence étaient trop différentes, leurs pensées trop dissemblables, leurs génies artistiques trop incompatibles pour qu'elles aient pu s'influencer.

L'examen des anciens monuments disséminés dans l'Inde montre immédiatement d'ailleurs qu'entre ses arts et ceux de la Grèce il n'y a aucune parenté.Alors que tous nos monuments européens sont pleins d'éléments empruntés à l'art grec, les monuments de l'Inde n'en présentent absolument aucun. L'étude la plus superficielle que nous sommes en présence de races extrêmement différentes, et qu'il n'y eut jamais peut-être de génies plus dissemblables — je dirai même plus antipathiques, — que le génie grec et le génie hindou.

Cette notion générale ne fait que s'accentuer quand on pénètre plus avant dans l'étude des monuments de l'Inde et dans la psychologie intime des peuples qui les ont créés. On constate bientôt que le génie hindou est trop personnel pour subir une influence étrangère éloignée de sa pensée. Elle peut être imposée, sans doute, cette influence étrangère ; mais, si prolongée qu'on la suppose, elle reste infiniment superficielle et transitoire. Il semble qu'entre la constitution mentale des diverses races de l'Inde et celle des autres peuples, il y ait des barrières aussi hautes que les obstacles formidables créés par la nature entre la grande péninsule et les autres contrées du globe. Le génie hindou est tellement spécial que, quel que soit l'objet dont la nécessité lui impose l'imitation, cet objet est immédiatement transformé et devient hindou. Même dans l'architecture, où il est pourtant difficile de dissimuler les emprunts, la personnalité de ce bizarre génie, cette faculté de déformation rapide se révèle bien vite.On peut bien faire copier une colonne grecque par un architecte hindou, mais on ne l'empêchera pas de la transformer rapidement en une colonne qu'à première vue on qualifiera d'hindoue. Même de nos jours où l'influence européenne est pourtant si puissante dans l'Inde, de telles transformations s'observent journellement. Donnez à un artiste hindou un modèle européen quelconque à copier, il en adoptera la forme générale, mais il exagérera certaines parties, multipliera, en les déformant, les détails d'ornementation, et la seconde ou la troisième copie aura dépouillé tout caractère occidental pour devenir exclusivement hindoue.

Le caractère fondamental de l'architecture hindoue, — et ce caractère se retrouve dans la littérature, fort parente pour cette raison de l'architecture, — c'est une exagération débordante, une richesse infinie de détails, une complication qui est précisément l'antipode de la simplicité correcte et froide de l'art grec. C'est surtout en étudiant les arts de l'Inde qu'on comprend à quel point les œuvres plastiques d'une race sont souvent en rapport avec sa constitution mentale, et forment le plus clair des langages pour qui sait les interpréter. Si les Hindous avaient, comme les Assyriens, entièrement disparu de l'histoire, les bas-reliefs de leurs temples, leurs statues, leurs monuments suffiraient à nous révéler leur passé. Ce qu'ils nous diraient surtout, c'est que l'esprit méthodique et clair des Grecs n'a jamais pu exercer la plus légère influence sur l'imagination débordante et sans méthode des Hindous. Ils nous feraient comprendre aussi pourquoi une influence grecque dans l'Inde ne put jamais être que transitoire et limitée toujours à la région où elle fut momentanément imposée.

L'étude archéologique des monuments nous a permis de confirmer par des documents précis ce que la connaissance générale de l'Inde et de l'esprit hindou révèle immédiatement. Elle nous a permis de constater ce fait curieux que, à plusieurs reprises et notamment pendant les deux premiers siècles de notre ère, des souverains hindous en relations avec les rois Arsacides de la Perse, dont la civilisation était très empreinte d'hellénisme, voulurent introduire dans l'Inde l'art grec, mais ne réussirent jamais à l'y faire vivre.

Cet art d'emprunt, tout officiel, et sans relation avec la pensée du peuple chez lequel il était importé, disparut toujours avec les influences politiques qui lui avaient donné naissance. Il était d'ailleurs trop antipathique au génie hindou, pour avoir eu, même pendant la période où il fut imposé, quelque influence sur l'art national. On ne retrouve pas, en effet, dans les monuments hindous contemporains ou postérieurs, tels que les nombreux temples souterrains, trace d'influences grecques. Elles seraient, d'autre part, trop faciles à discerner pour pouvoir être méconnues. En dehors de l'ensemble, qui est toujours caractéristique, il y a des détails techniques, le travail des draperies notamment, qui révèle immédiatement la main d'un artiste grec.

La disparition de l'art grec dans l'Inde fut aussi soudaine que sou apparition, et cette soudaineté même montre à quel point il fut un art d'importation, officiellement imposé, mais sans affinité avec le peuple qui avait dû l'accepter. Ce n'est jamais ainsi que disparaissent les arts chez un peuple ; ils se transforment, et l'art nouveau emprunte toujours quelque chose à celui dont il hérite. Venu brusquement dans l'Inde, l'art grec en disparut brusquement, et y exerça une influence aussi nulle que celle des monuments européens que les Anglais y construisent depuis deux siècles.

L'absence actuelle d'influence des arts européens dans l'Inde, malgré plus d'un siècle de domination absolue, peut être rapprochée du peu d'influence des arts grecs, il y a dix-huit siècles. On ne peut nier qu'il y ait là une incompatibilité de sentiments esthétiques, car les arts musulmans, bien qu'aussi étrangers à l'Inde que les arts européens, ont été imités dans toutes les parties de la péninsule. Même dans celles où les musulmans n'ont jamais possédé aucun pouvoir, il est rare de trouver un temple ne contenant pas quelques motifs d'ornementation arabe. Sans doute, comme au temps lointain du roi Kanishka, nous voyons aujourd'hui des rajahs, tels que celui de Gwalior, séduits par la grandeur de la puissance des étrangers, se faire bâtir des palais européens de style gréco-latin, mais — toujours comme au temps de Kanishka — cet art officiel, superposé à l'art indigène, est totalement sans influence sur ce dernier.

L'art grec et l'art hindou ont donc jadis subsisté côte à côte, comme l'art européen et l'art hindou aujourd'hui, mais sans jamais s'influencer. En ce qui concerne les monuments de l'Inde proprement dite, il n'en est pas un seul dont on puisse dire qu'il présente dans son ensemble ou dans ses détails une ressemblance quelconque, si lointaine qu'on la suppose, avec un monument grec.

Cette impuissance de l'art grec à s'implanter dans l'Inde a quelque chose de frappant, et il faut bien l'attribuer à cette incompatibilité que nous avons signalée entre l'âme des deux races, et non à une sorte d'incapacité native de l'Inde à s'assimiler un art étranger, puisqu'elle a parfaitement su s'assimiler et transformer les arts qui étaient en rapport avec sa constitution mentale.

Les documents archéologiques que nous avons pu réunir nous ont montré que c'est en effet à la Perse que l'Inde a demandé l'origine de ses arts ; non pas à la Perse un peu hellénisée du temps des Arsacides, mais à la Perse héritière des vieilles civilisations de l'Assyrie et de l'Egypte. On sait que lorsque, 330 ans avant Jésus-Christ, Alexandre, renversa la dynastie des rois Achéménides, les Perses possédaient depuis deux siècles une civilisation brillante. Ils n'avaient pas trouvé sans doute la formule d'un art nouveau, mais le mélange des arts égyptien et assyrien dont ils avaient hérité, avait produit des œuvres remarquables. Nous en pouvons juger par les ruines encore debout de Persépolis. Là, les pylônes de l'Égypte, les taureaux ailés de l'Assyrie, et même quelques éléments grecs nous montrent que, sur cette région limitée de l'Asie, se trouvaient en présence tous les arts des grandes civilisations antérieures.

C'est dans la Perse que l'Inde est venue puiser, mais elle puisait en réalité dans les arts de la Chaldée et de l'Égypte que la Perse s'était bornée à emprunter.

L'étude des monuments de l'Inde révèle de quels emprunts ils ont vécu à leur origine : mais, pour constater ces emprunts, il faut s'adresser aux monuments les plus anciens : l'âme hindoue est tellement spéciale, que les choses empruntées subissent, pour s'adapter à ses conceptions, des transformations telles qu'elles deviennent bientôt méconnaissables.

Pourquoi l'Inde, qui s'est montrée si incapable d'emprunter quoi que ce soit à la Grèce, s'est-elle, au contraire, montrée si apte à emprunter à la Perse ? C'est évidemment que les arts de la Perse étaient très en rapport avec la structure de son esprit, alors que les arts de la Grèce ne l'étaient nullement. Les formes simples, les surfaces peu ornementées des monuments grecs ne pouvaient convenir à l'esprit hindou, alors que les formes tourmentées, l'exubérance de la décoration, la richesse de l'ornementation des monuments de la Perse devaient le séduire.

Ce n'est pas d'ailleurs seulement à cette époque lointaine, antérieure à noire ère, que la Perse, représentante de l'Égypte et de l'Assyrie, exerça par ses arts son influence sur l'Inde. Lorsque, bien des siècles plus tard, les musulmans apparurent dans la péninsule, leur civilisation, pendant son passage à travers la Perse, s'était profondément saturée d'éléments persans ; et ce qu'elle apporta à l'Inde, ce fut un art surtout persan qui portait encore la trace de ses vieilles traditions assyriennes continuées par les rois achéménides. Les portes gigantesques des mosquées, et surtout les briques émaillées qui les recouvrent, sont des vestiges de la civilisation chaldéo-assyrienne. Ces arts, l'Inde sut se les assimiler encore, parce qu'ils étaient en rapport avec le génie de sa race, alors que l'art grec autrefois, l'art européen aujourd'hui, profondément antipathiques à sa façon de sentir et de penser, sont toujours restés sans influence sur lui.

Ce n'est donc pas à la Grèce, comme le soutiennent encore les archéologues, mais bien à l'Égypte et à l'Assyrie — par l'intermédiaire de la Perse, — que l'Inde se rattache. L'Inde n'a rien pris à la Grèce, mais toutes deux ont puisé aux mêmes sources, à ce trésor commun, fondement de toutes les civilisations, élaboré pendant des siècles par les peuples de l'Égypte et de la Chaldée. La Grèce lui a emprunté, par l'intermédiaire des Phéniciens et des peuples de l'Asie Mineure, l'Inde par l'intermédiaire de la Perse. Les civilisations de la Grèce et de l'Inde remontent ainsi à une source commune ; toutefois dans les deux contrées, les courants issus de cette source ont bientôt — suivant le génie de chaque race — profondément divergé.

Mais si, comme nous l'avons dit, l'art est en rapport intime avec la constitution mentale de la race et si pour cette raison le même art emprunté par des races dissemblables revêt aussitôt des formes très différentes, nous devons nous attendre à ce que l'Inde, habitée par des races très diverses, possède des arts fort différents, des styles d'architecture sans ressemblance, malgré l'identité des croyances.

L'examen des monuments des diverses régions de l'Inde montre à quel point il en est ainsi. Les différences entre les monuments sont même tellement profondes que nous n'avons pu les classer que par régions, c'est-à-dire suivant la race, et pas du tout suivant la religion à laquelle appartiennent les peuples qui les ont construits.

Il n'y a aucune analogie entre les monuments du nord de l'Inde et ceux du sud élevés à la même époque, par des peuples professant pourtant une religion semblable.Même pendant la domination musulmane, c'est-à-dire pendant la période où l'unité politique de l'Inde fut la plus complète, l'influence du pouvoir central la plus grande, les monuments purement musulmans présentent des différences profondes d'une région à l'autre. Une mosquée d'Ahmedabad, une mosquée de Lahore, une mosquée d'Agra, une mosquée de Bijapour, bien que consacrées au même culte, ne présentent qu'une bien faible parenté, parenté beaucoup moindre que celle qui rattache un monument de la Renaissance à ceux de la période gothique.

Ce n'est pas seulement l'architecture qui diffère dans l'Inde d'une race à l'autre ; la statuaire varie également dans les diverses régions, non seulement par les types représentés, mais surtout par la façon dont ils sont traités. Que l'on compare les bas-reliefs ou les statues de Sanchi avec ceux de Bharhut, presque contemporains pourtant, la différence est déjà manifeste. Elle est plus gronde encore quand on compare les statues et les bas-reliefs de la province d'Orissa avec ceux du Bundelkund, ou encore les statues du Mysore avec elles des grandes pagodes du sud de l'Inde. L'influence de la race apparaît partout. Elle apparaît d'ailleurs dans les moindres objets artistiques : personne n'ignore combien ils sont différents d'une partie de l'Inde à l'autre. Il ne faut pas un œil très exercé pour reconnaître un coffret de bois sculpté de Mysore du même coffret sculpté dons le Guzrat, ni pour distinguer un bijou de la côte d'Orissa d'un bijou de la côte de Bombay.

Sans doute, l'architecture de l'Inde est, comme celle de tous les Orientaux, une architecture principalement religieuse ; mais quelque grande que puisse être l'influence religieuse, en Orient surtout, l'influence de la race est beaucoup plus considérable.

Cette âme de la race, qui dirige la destinée des peuples, dirige donc aussi leurs croyances, leurs institutions et leurs arts ; quel que soit l'élément de civilisation étudié, nous la retrouvons toujours. Elle est la seule puissance contre laquelle aucune autre ne saurait prévaloir. Elle représente le poids de milliers de générations, la synthèse de leur pensée.

# LIVRE III
## L'HISTOIRE DES PEUPLES COMME CONSÉQUENCE DE LEUR CARACTÈRE

## CHAPITRE PREMIER
### COMMENT LES INSTITUTIONS DÉRIVENT DE L'ÂME DES PEUPLES

*L'histoire d'un peuple dérive toujours de sa constitution mentale. — Exemples divers. — Comment les institutions politiques de la France dérivent de l'âme de la race. — Leur invariabilité réelle sous leur variabilité apparente. — Nos partis politiques les plus divers poursuivent, sous des noms différents, des buts politiques identiques. — Leur idéal est toujours la centralisation et la destruction de l'initiative individuelle au profit de l'Etat. — Comment la Révolution française n'a fait qu'exécuter le programme de l'ancienne monarchie. — Opposition de l'idéal de la race anglo-saxonne à l'idéal latin. — L'initiative du citoyen substituée à l'initiative de l'Etat. — Les institutions des peuples dérivent toujours de leur caractère.*

L'histoire dans ses grandes lignes peut être considérée comme le simple exposé des résultats engendrés par la constitution psychologique des races. Elle découle de cette constitution, comme les organes respiratoires des poissons découlent de leur vie aquatique. Sans la connaissance préalable de la constitution mentale d'un peuple, l'histoire apparaît comme un chaos d'événements régis par le hasard. Lorsque l'âme d'un peuple nous est connue, sa vie se montre au contraire comme la conséquence régulière et fatale de ses caractères psychologiques. Dans toutes les manifestations de la vie d'une nation, nous retrouvons toujours l'âme immuable de la race tissant elle-même son propre destin.

C'est surtout dans les institutions politiques que se manifeste le plus visiblement la souveraine puissance de l'âme de la race. Il nous sera facile de le prouver par quelques exemples.

Prenons d'abord la France, c'est-à-dire un des pays du monde qui ont été soumis aux bouleversements les plus profonds, où, en peu d'années, les institutions politiques semblent avoir le plus radicalement changé, où les partis semblent le plus divergents. Si nous envisageons, au point de vue psychologique, ces opinions si dissemblables en apparence, ces partis sans cesse en lutte, nous constaterons qu'ils ont en réalité un fond commun parfaitement identique qui représente exactement l'idéal de notre race. Intransigeants, radicaux, monarchistes, socialistes, en un mot tous les défenseurs des doctrines les plus diverses, poursuivent avec des étiquettes dissemblables un but parfaitement identique : l'absorption de l'individu par l'État. Ce que tous veulent avec la même ardeur, c'est le vieux régime centralisateur et césarien, l'État dirigeant tout, réglant tout, absorbant tout, réglementant les moindres détails de la vie des citoyens, et les dispensant ainsi d'avoir à manifester aucune lueur de réflexion et d'initiative. Que le pouvoir placé à la tête de l'État s'appelle roi, empereur, président, etc., il n'importe, ce pouvoir, quel qu'il soit, aura forcément le même idéal, et cet idéal est l'expression même des sentiments de l'âme de la race [1]. Elle n'en tolérerait pas d'autre.

Si donc notre nervosité extrême, notre facilité très grande à être mécontents de ce qui nous entoure, l'idée qu'un gouvernement nouveau rendra notre sort plus heureux, nous conduisent à changer sans cesse nos institutions, la grande voix des morts qui nous mène, nous condamne à ne changer que des mots et des apparences. La puissance inconsciente de l'âme de notre race est telle que nous ne nous apercevons même pas de l'illusion dont nous sommes victimes.

Rien assurément, si l'on ne s'en tient qu'aux apparences, n'est plus différent de l'ancien régime que celui créé par notre grande Révolution. En réalité pourtant, et sans s'en douter certes, elle n'a fait que continuer la tradition royale, en achevant l'œuvre de centralisation commencée par la monarchie depuis quelques siècles. Si Louis XIII et Louis XIV sortaient de leurs tombes pour juger l'œuvre de la Révolution, ils blâmeraient sans doute quelques-unes des violences qui ont accompagné sa réalisation, mais ils la considéreraient comme rigoureusement conforme à leurs traditions et à leur programme et reconnaîtraient qu'un ministre chargé par

1 « Tel est, écrit un fort judicieux observateur, Dupont White, le singulier génie de la France : elle n'est pas de caractère à réussir en certaines choses, essentielles on désirables qui touchent à l'ornement ou au fond même de la civilisation sans y être soutenue et stimulée par son gouvernement ».

eux d'exécuter ce programme n'eût pas mieux réussi. Ils diraient que le moins révolutionnaire des gouvernements que la France a connus fut précisément celui de la Révolution. Ils constateraient, en outre, que, depuis un siècle, aucun des régimes divers qui se sont succédé en France n'a essayé de toucher à cette œuvre, tant elle est bien le fruit d'une évolution régulière, la continuation de l'idéal monarchique et l'expression du génie de la race. Sans doute ces fantômes illustres, en raison de leur grande expérience, pré-senteraient quelques critiques, et peut-être feraient-ils observer qu'en remplaçant la caste aristocratique gouvernementale par la caste administrative, on a créé dans l'État un pouvoir imperson-nel plus redoutable que celui de l'ancienne noblesse, parce que c'est le seul qui, échappant aux changements politiques, possède des traditions, un esprit de corps, l'absence de responsabilité et la perpétuité, c'est-à-dire une série de conditions qui l'amèneront né-cessairement à devenir le seul maître. Ils n'insisteraient pas beau-coup, je crois, cependant sur cette objection, considérant que les peuples latins se souciant fort peu de liberté et beaucoup d'égalité, supportent aisément tous les despotismes, à la seule condition que ces despotismes soient impersonnels. Peut-être encore trouve-raient-ils bien excessifs et bien tyranniques les règlements innom-brables, les mille liens qui entourent aujourd'hui le moindre des actes de la vie, et feraient-ils remarquer que quand l'État aura tout absorbé, tout réglementé, dépouillé les citoyens de toute initiative, nous nous trouverons spontanément, et sans aucune révolution nouvelle, en plein socialisme. Mais, alors les lumières divines qui éclairent les rois, ou à défaut les lumières mathématiques qui en-seignent que les effets croissent en progression géométrique quand les mêmes causes subsistent, leur permettraient de concevoir que le socialisme n'est autre chose que l'expression ultime de l'idée mo-narchique, dont la Révolution n'a été qu'une phase accélératrice.

Ainsi, dans les institutions d'un peuple, nous retrouvons à la fois ces circonstances accidentelles mentionnées au début de cet ouvrage, et ces lois permanentes que nous avons essayé de déter-miner. Les circonstances accidentelles créent les noms, les appa-rences. Les lois fondamentales, et les plus fondamentales découlent du caractère des peuples, créent la destinée des nations.

A l'exemple qui précède, nous pouvons opposer celui d'une autre race, la race anglaise, dont la constitution psychologique est très différente de la nôtre. Par ce fait seul, ses institutions s'éloigneront radicalement des nôtres.

Que les Anglais aient à leur tête un monarque comme en Angleterre, ou un président comme aux États-Unis, leur gouvernement présentera toujours les mêmes caractéristiques fondamentales : l'action de l'État sera réduite au minimum, et celle des particuliers portée au maximum, ce qui est précisément le contraire de l'idéal latin. Ports, canaux, chemins de fer, établissements d'instruction, etc., seront toujours créés et entretenus par l'initiative des particuliers et jamais par celle de l'Etat [1]. Il n'y a ni révolutions, ni constitutions, ni despotes qui puissent donner à un peuple qui ne les possède pas, ou ôter à un peuple qui les possède, les qualités de caractère d'où ses institutions dérivent. On a répété bien des fois que les peuples ont les gouvernements qu'ils méritent. Pourrait-on concevoir qu'ils en eussent d'autres ?

Nous montrerons bientôt par d'autres exemples qu'un peuple ne se soustrait pas aux conséquences de sa constitution mentale ; ou que, s'il s'y soustrait, c'est pour de rares instants, comme le sable soulevé par l'orage semble échapper pour un moment aux lois de l'attraction. C'est une chimère enfantine de croire que les gouvernements et les constitutions sont pour quelque chose dans la destinée d'un peuple. C'est en lui-même que se trouve sa destinée, et non dans les circonstances extérieures. Tout ce qu'on peut demander à un gouvernement, c'est d'être l'expression des sentiments et des idées du peuple qu'il est appelé à régir, et, par le fait seul qu'il existe, il en est l'image. Il n'y a pas de gouvernements ni d'institutions dont on puisse dire qu'ils sont absolument bons ou absolument mauvais. Le gouvernement du roi de Dahomey était probablement un gouvernement excellent pour le peuple qu'il était appelé à gouverner ; et la plus savante constitution européenne eût été inférieure pour ce même peuple. C'est là ce qu'ignorent malheureusement les hommes d'État qui se figurent qu'un gouvernement est chose d'exportation, et que des colonies peuvent être gouvernées avec les institutions d'une métropole. Autant vaudrait tâcher de persuader

---

1 Cette prépondérance de l'initiative individuelle doit être surtout observée en Amérique. En Angleterre, elle a singulièrement baissé depuis vingt-cinq ans et l'Etat s'y montre de plus en plus envahissant.

aux poissons de vivre dans l'air, sous prétexte que la respiration aérienne est pratiquée par tous les animaux supérieurs.

Par le fait seul de la diversité de leur constitution mentale, des peuples différents ne sauraient subsister longtemps sous un régime identique. L'irlandais et l'Anglais, le Slave et le Hongrois, l'Arabe et le Français ne sont maintenus qu'avec les plus grandes difficultés sous les mêmes lois et au prix de révolutions incessantes. Les grands empires contenant des peuples divers ont toujours été condamnés à une existence éphémère. Lorsqu'ils ont eu quelque durée comme celui des Mogols, puis des Anglais dans l'Inde, c'est d'une part parce que les races en présence étaient tellement nombreuses, tellement différentes et par conséquent tellement rivales, qu'elles ne pouvaient songer à s'unir contre l'étranger ; c'est, d'autre part, parce que ces maîtres étrangers ont eu un instinct politique assez sûr pour respecter les coutumes des peuples conquis et les laisser vivre sous leurs propres lois.

On écrirait bien des livres, on referait même l'histoire tout entière et à un point de vue très nouveau, si on voulait montrer toutes les conséquences de la constitution psychologique des peuples. Son étude approfondie devrait être la base de la politique et de l'éducation. On pourrait même dire que cette étude éviterait bien des erreurs et bien des bouleversements si les peuples pouvaient échapper aux fatalités de leur race, si la voix de la raison n'était pas toujours éteinte par l'impérieuse voix des morts.

## CHAPITRE II
## APPLICATION DES PRINCIPES PRÉCÉDENTS A L'ÉTUDE COMPARÉE DE L'ÉVOLUTION DES ÉTATS-UNIS D'AMÉRIQUE ET DES RÉPUBLIQUES HISPANO-AMÉRICAINES

*Le caractère anglais. — Comment l'âme américaine s'est formée. — Dureté de la sélection créée par les conditions d'existence. — Disparition forcée des éléments inférieurs. — Les nègres et les Chinois. — Raisons de la prospérité des États-Unis et de la décadence des Républiques hispano-américaines malgré des institutions politiques identiques. — L'anarchie forcée des Républiques hispano-américaines comme conséquence de l'infériorité des caractères de la race.*

Les brèves considérations qui précèdent montrent que les institutions d'un peuple sont l'expression de son âme et que, s'il lui est aisé d'en changer la forme, il ne saurait en changer le fond. Nous allons maintenant montrer par des exemples très précis à quel point l'âme d'un peuple régit sa destinée et le rôle insignifiant que jouent les institutions dans cette destinée [1].

Ces exemples, je les prendrai dans un pays où vivent côte à côte, dans des conditions de milieu peu différentes, deux races européennes également civilisées et intelligentes, et ne différant que par leur caractère : je veux parler, de l'Amérique. Elle est formée par deux continents distincts, réunis par un isthme. La superficie de chacun de ces continents est à peu près égale, leur sol très comparable. L'un d'eux a été conquis et peuplé par la race anglaise, l'autre par la race espagnole. Ces deux races vivent sous des constitutions républicaines semblables, puisque les républiques du sud de l'Amérique ont toutes copié les leurs sur celles des États-Unis. Il n'y a donc en présence, pour expliquer les destinées différentes de ces peuples, que des différences de races. Voyons ce que ces différences ont produit.

Résumons d'abord en quelques mots les caractères de la race anglo-saxonne, qui a peuplé les États-Unis. Il n'en est peut-être pas dans le monde qui soit plus homogène, et dont la constitution mentale soit plus facile à définir dans ses grandes lignes.

Les dominantes de cette constitution mentale sont, au point de vue du caractère : une somme de volonté que bien peu de peuples, sauf les Romains peut-être, ont possédée, une énergie indomptable, une initiative très grande, un empire absolu sur soi, un sen-

---

1 L'illustre sociologiste anglais Herbert Spencer avait laissé de côté dans ses grands ouvrages l'influence du caractère des peuples sur leurs destinées, et ses belles synthèses théoriques l'avaient d'abord conduit à des conclusions fort optimistes. S'étant décidé en vieillissant à tenir compte du rôle fondamental du caractère, il a dû modifier entièrement ses conclusions premières et est arrivé finalement à leur en substituer de fort pessimistes. Nous en trouvons l'expression dans un discours récemment publié sur Tyndall et reproduit dans la *Revue des Revues*. En voici quelques extraits :

... « Ma foi dans les institutions libres, si forte à l'origine, s'est vue dans ces dernières années considérablement diminuée... Nous reculons vers le régime de la main de fer représenté par le despotisme bureaucratique d'une organisation socialiste, puis par le despotisme militaire qui lui succédera si toutefois ce dernier ne nous est pas brusquement apporté par quelque krach social. »

timent de l'indépendance poussé jusqu'à l'insociabilité excessive, une activité puissante, des sentiments religieux très vifs, une moralité très fixe, une idée de devoir très nette.

Au point de vue intellectuel, on ne peut donner de caractéristiques spéciales, c'est-à-dire indiquer des éléments particuliers qu'on ne puisse retrouver chez les autres nations civilisées. Il n'y a guère à noter qu'un jugement sûr qui permet de saisir le côté pratique et positif des choses et de ne pas s'égarer dans des recherches chimériques : un goût très vif pour les faits et médiocre pour les idées générales, une certaine étroitesse d'esprit, qui empêche de voir les côtés faibles des croyances religieuses, et met, par conséquence, ces croyances à l'abri de la discussion.

A ces caractéristiques générales, il faut joindre cet optimisme complet de l'homme dont la voie est bien tracée dans la vie, et qui ne suppose même pas qu'il puisse en choisir de meilleure. Il sait toujours ce que lui demandent sa patrie, sa famille et ses dieux. Cet optimisme est poussé au point de faire considérer comme extrêmement méprisable tout ce qui est étranger. Le mépris de l'étranger et de ses usages dépasse certainement, en Angleterre, celui que professaient jadis les Romains et les Barbares à l'époque de leur grandeur. Il est tel qu'à l'égard de l'étranger toute règle morale disparaît. Il n'est pas un homme d'État anglais qui ne considère comme parfaitement légitime, dans sa conduite à l'égard des autres peuples, des actes qui provoqueraient la plus profonde et la plus unanime indignation s'ils étaient pratiqués à l'égard de ses compatriotes. Ce dédain de l'étranger est sans doute, au point de vue philosophique, un sentiment d'ordre très inférieur ; mais, au point de vue de la prospérité d'un peuple, il est d'une utilité extrême. Comme le fait justement remarquer le général anglais Wolseley, il est un de ceux qui font la force de l'Angleterre. On a dit avec raison, à propos de leur refus, très judicieux d'ailleurs, de laisser établir sous la Manche un tunnel qui faciliterait les rapports avec le continent, que les Anglais prenaient autant de peine que les Chinois pour empêcher toute influence étrangère de pénétrer chez eux.

Tous les caractères qui viennent d'être énumérés se retrouvent dans les diverses couches sociales ; on ne pourrait découvrir aucun élément de la civilisation anglaise sur lequel ils n'aient marqué leur solide empreinte. L'étranger qui visite l'Angleterre, ne fût-ce que pendant quelques jours, en est immédiatement frappé. Il constatera le besoin de la vie indépendante dans le cottage du plus modeste employé, habitation étroite, sans doute, mais à l'abri de toute contrainte et isolée de tout voisinage ; dans les gares les plus fréquentées, où le publie circule à toute heure sans être parqué comme un troupeau de moutons dociles derrière une barrière que garde un employé, comme s'il fallait assurer par la force la sécurité de gens incapables de trouver en eux-mêmes la somme d'attention nécessaire pour ne pas se faire écraser. Il retrouvera l'énergie de la race, aussi bien dans le dur travail de l'ouvrier que dans celui du collégien qui, abandonné à lui-même dès le jeune âge, apprend à se conduire tout seul, sachant déjà que dans la vie personne que lui-même ne s'occupera de sa destiné ; chez les professeurs, qui font un cas médiocre de l'instruction et un cas très grand du caractère, qu'ils considèrent comme une des plus grandes forces motrices du monde [1]. En pénétrant dans la vie publique du citoyen, il verra que ce n'est pas à l'État, mais à l'initiative individuelle qu'on fait toujours appel, qu'il s'agisse de réparer la fontaine d'un village, de construire un port de mer ou de créer un chemin de fer. En poursuivant son enquête, il reconnaîtra bientôt que ce peuple, malgré des défauts qui en font pour l'étranger le plus insupportable des peuples, est le seul vraiment libre, parce que c'est le seul qui, ayant appris à se gouverner lui-même, a pu ne laisser à son gouvernement qu'un minimum d'action. Si l'on parcourt son histoire, on voit que c'est celui qui sut le premier s'affranchir de toute domination, aussi bien de celle de l'Eglise que de celle des rois. Dès le XVe siècle, le légiste Fortescue opposait « la loi romaine, héritage des peuples latins, à la loi anglaise ; l'une, œuvre de princes absolus et toute portée à sacrifier l'individu ; l'autre, œuvre de la volonté commune et toute prête à protéger la personne ».

En quelque lieu du globe qu'un peuple semblable émigre, il deviendra immédiatement prépondérant et fondera de puissants em-

1 Chargé par la reine d'Angleterre de fixer les conditions d'un prix annuel décerné par elle au collège Wellington, le prince Albert décida qu'il serait accordé, non à l'élève le plus instruit, mais à celui dont le caractère serait jugé le plus élevé. Chez une nation latine le prix eût été certainement accordé à l'élève qui eût le mieux récité ce qu'il avait appris dans ses livres. Tout notre enseignement, y compris ce que nous qualifions d'enseignement supérieur, consiste à faire réciter à la jeunesse des leçons. Elle en conserve si bien ensuite l'habitude qu'elle continue à les réciter pendant le reste de son existence.

Gustave Le Bon

pires. Si la race envahie par lui est, comme les Peaux-Rouges de l'Amérique, par exemple, suffisamment faible et insuffisamment utilisable elle sera méthodiquement exterminée. Si la race envahie est, comme les populations de l'Inde, trop nombreuse pour être détruite et peut fournir d'ailleurs un travail productif, elle sera simplement réduite à un vasselage très dur et obligée de travailler à peu près exclusivement pour ses maîtres.

Mais c'est surtout dans un pays neuf, comme l'Amérique, qu'il faut suivre les étonnants progrès dus à la constitution mentale de la race anglaise. Transportée dans des régions sans culture à peine habitées par quelques sauvages, et n'ayant à compter que sur elle-même, on sait ce qu'elle est devenue. Il lui a fallu un siècle à peine pour se placer au premier rang des grandes puissances du monde, et aujourd'hui il n'en est guère qui pourrait lutter contre elle. Je recommande la lecture des livres de MM. Rousier et Paul Bourget sur les États-Unis aux personnes désireuses de se rendre compte de la somme énorme d'initiative et d'énergie individuelle dépensée par les citoyens de la grande République. L'aptitude des hommes à se gouverner eux-mêmes, à s'associer pour fonder de grandes entreprises, créer des villes, des écoles, des ports, des chemins de fer, etc., est portée à un tel maximum, et l'action de l'état réduite à un tel minimum, qu'on pourrait presque dire qu'il n'existe pas de pouvoirs publics. En dehors de la police et de la représentation diplomatique, on ne voit pas même à quoi ils pourraient servir.

On ne peut prospérer d'ailleurs aux États-Unis qu'à la condition de posséder les qualités de caractère que je viens de décrire, et c'est pourquoi les immigrations étrangères ne sauraient modifier l'esprit général de la race. Les conditions d'existence sont telles que quiconque ne possède pas ces qualités est condamné à promptement disparaître. Dans cette atmosphère saturée d'indépendance et d'énergie, l'Anglo-Saxon seul peut vivre. L'Italien y meurt de faim, l'irlandais et le nègre y végètent dans les emplois les plus subalternes.

La grande République est assurément la terre de la liberté ; ce n'est sûrement pas celle de l'égalité ni de la fraternité, ces deux chimères latines que les lois du progrès ne sauraient connaître. Dans aucune contrée du globe, la sélection naturelle n'a fait plus rudement sentir son bras de fer. Elle s'y montre impitoyable ; mais c'est justement parce qu'elle ne connaît pas la pitié que la race qu'elle a contribué à former conserve sa puissance et son énergie. Il n'y a point de place pour les faibles, les médiocres, les incapables sur le sol des États-Unis. Par le fait seul qu'ils sont inférieurs, individus isolés ou races entières sont destinés à périr. Les Peaux-Rouges, devenus inutiles, ont été exterminés à coup de fusil on condamnés à mourir de faim. Les ouvriers chinois, dont le travail constitue une concurrence gênante, vont bientôt subir un sort analogue. La loi qui a décrété leur totale expulsion n'a pu être appliquée à cause des frais énormes que son exécution eût coûtés [1]. Elle sera promptement remplacée sans doute par une destruction méthodique commencée déjà dans plusieurs districts miniers. D'autres lois ont été récemment votées pour interdire l'entrée du territoire américain aux émigrants pauvres. Quant aux nègres, qui servirent de prétexte à la guerre de Sécession — guerre entre ceux qui possédaient des esclaves et ceux qui, ne pouvant pas en posséder, ne voulaient pas permettre à d'autres d'en avoir — ils sont à peu près tolérés, parce qu'ils restent confinés dans des fonctions subalternes dont aucun citoyen américain ne voudrait. Théoriquement, ils ont tous les droits ; pratiquement, ils sont traités comme des animaux à demi utiles dont on se débarrasse dès qu'ils deviennent dangereux. Les procédés sommaires de la loi de Lynch sont universellement reconnus comme suffisants pour eux. Au premier délit gênant, fusillés ou pendus. La statistique, qui ne connaît qu'une partie de ces exécutions, en a enregistré plus de mille pendant les sept dernières années.

Ce sont là, sans doute, les côtés sombres du tableau. Il est assez brillant pour les supporter. S'il fallait définir d'un mot la différence entre l'Europe continentale et les États-Unis, on pourrait dire que la première représente le maximum de ce que peut donner la réglementation officielle remplaçant l'initiative individuelle ; les seconds le maximum de ce que peut donner l'initiative individuelle entièrement dégagée de toute réglementation officielle. Ces différences fondamentales sont exclusivement des conséquences du caractère. Ce n'est pas sur le sol de la rude République que le socialisme européen a chance de s'implanter. Dernière expression de la

---

1 Le 53ᵉ congrès n'a ajourné l'exécution de la loi Geary (*Chinese exclusion act*) que parce qu'on a constaté que pour rapatrier 100,000 Chinois, il faudrait dépenser 30 millions de francs, alors que la somme inscrite au budget pour l'expulsion des ouvriers chinois n'était que de 100,000 francs.

Gustave Le Bon

tyrannie de l'État, il ne saurait prospérer que chez des races vieillies, soumises depuis des siècles à un régime qui leur a ôté toute capacité de se gouverner elles-mêmes [1].

Nous venons de voir ce qu'a produit dans une partie de l'Amérique une race possédant une certaine constitution mentale, où dominent la persévérance, l'énergie et la volonté. Il nous reste à montrer ce qu'est devenu un pays presque semblable, dans les mains d'une autre race, fort intelligente pourtant, mais ne possédant aucune des qualités de caractère dont je viens de constater les effets.

L'Amérique du Sud est, au point de vue de ses productions naturelles, une des plus riches contrées du globe.Deux fois grande comme l'Europe et dix fois moins peuplée, la terre n'y manque pas et est, pour ainsi dire, à la disposition de tous. Sa population dominante, d'origine espagnole, est divisée en nombreuses républiques : Argentine, Brésilienne, Chilienne, Péruvienne, etc. Toutes ont adopté la constitution politique des États-Unis, et vivent par conséquent sous des lois identiques. Eh bien, par ce fait seul que la race est différente et manque des qualités fondamentales que possède celle qui peuple les États-Unis, toutes ces républiques, sans une seule exception, sont perpétuellement en proie à la plus sanglante anarchie, et, malgré les richesses étonnantes de leur sol, sombrent les unes après les autres dans les dilapidations de toute sorte, la faillite et le despotisme.

Il faut parcourir le remarquable et impartial ouvrage de Th. Child, sur les républiques hispano-américaines, pour apprécier la profondeur de leur décadence. Les causes en sont tout entières dans la constitution mentale d'une race n'ayant ni énergie, ni volonté, ni moralité. L'absence de moralité, surtout, dépasse tout ce que nous connaissons de pire en Europe. Citant une des villes les plus importantes, Buenos-Ayres, l'auteur la déclare inhabitable pour quiconque a quelque délicatesse de conscience et quelque moralité. A propos de l'une des moins dégradées de ces républiques, la république Argentine, le même écrivain ajoute : « Que l'on examine

1 L'Amérique que je viens de décrire est celle d'hier et d'aujourd'hui, mais ce ne sera sans doute pas cette de demain. Nous verrons dans un prochain chapitre que par suite de l'invasion récente don nombre immense d'éléments inférieurs non assimilables, elle est menacée d'une guerre civile gigantesque et d'une séparation en plusieurs Etats indépendants toujours en lutte comme ceux de l'Europe.

L'HISTOIRE DES PEUPLES COMME CONSÉQUENCE DE LEUR CARACTÈRE

cette république an point de vue commercial, on reste confondu par l'immoralité qui s'affiche partout. »

Quant aux institutions, nul exemple ne montre mieux à quel point elles sont filles de la race, et l'impossibilité de les transporter d'un peuple à un autre. Il était fort intéressant de savoir ce que deviendraient les institutions si libérales des États-Unis transportées chez une race inférieure. « Ces pays, nous dit en parlant des diverses républiques hispano-américaines M. Child, sont sous la férule de présidents qui exercent une autocratie non moins absolue que le czar de toutes les Russies ; plus absolue même, en ce qu'ils sont à l'abri de toutes les importunités et de l'influence de la censure européenne. Le personnel administratif est uniquement composé de leurs créatures... ; les citoyens votent comme bon leur semble, mais il n'est tenu aucun compte de leurs suffrages. La République Argentine n'est une république que de nom ; en réalité, c'est une oligarchie de gens qui font de la politique un commerce. »

Un seul pays, le Brésil, avait un peu échappé à cette profonde décadence, grâce à un régime monarchique qui mettait le pouvoir à l'abri des compétitions. Trop libéral pour des races sans énergie et sans volonté, il a fini par succomber. Du même coup le pays est tombé en pleine anarchie ; et, en peu d'années, les gens au pouvoir ont tellement dilapidé le Trésor, que les impôts ont dû être augmentés de plus de 60 p. 100.

Ce n'est pas seulement en politique, naturellement, que se manifeste la décadence de la race latine qui peuple le sud de l'Amérique, mais bien dans tous les éléments de la civilisation. Réduites à elles-mêmes, ces malheureuses républiques retourneraient à la pure barbarie. Toute l'industrie et tout le commerce sont dans les mains des étrangers Anglais, Américains et Allemands. Valparaiso est devenu une ville anglaise ; et il ne resterait rien au Chili, si on lui ôtait ses étrangers. C'est grâce à eux que ces contrées conservent encore ce vernis extérieur de civilisation qui trompe encore l'Europe. La République Argentine compte 4 millions de blancs d'origine espagnole ; je ne sais si on en citerait un seul, en dehors des étrangers, à la tête d'une industrie vraiment importante.

Cette effroyable décadence de la race latine, abandonnée à elle-même, mise en présence de la prospérité de la race anglaise, dans un pays voisin, est une des plus sombres, des plus tristes et, en même temps, des plus instructives expériences que l'on puisse citer à l'appui des lois psychologiques que j'ai exposées.

## CHAPITRE III
## COMMENT L'ALTÉRATION DE L'ÂME DES RACES MO-DIFIE L'ÉVOLUTION HISTORIQUE DES PEUPLES

*L'influence d'éléments étrangers transforme aussitôt l'âme d'une race, et par conséquent sa civilisation. — Exemple des Romains. — La civilisation romaine ne fut pas détruite par les invasions militaires, mais par les invasions pacifiques des Barbares. — Les Barbares ne songèrent jamais à détruire l'Empire. — Leurs invasions n'eurent pas le caractère de conquêtes. — Les premiers chefs Francs se considérèrent toujours comme des fonctionnaires au service de l'Empire romain. — Ils respectèrent toujours la civilisation romaine et ne songèrent qu'à la continuer. — Ce n'est qu'à partir du VIIᵉ siècle que les chefs barbares de la Gaule cessèrent de considérer l'empereur comme leur chef. — La transformation complète de la civilisation romaine ne fut pas la conséquence d'une destruction, mais de l'adoption d'une civilisation ancienne par une race nouvelle. — Les invasions modernes aux Etats-Unis. — Luttes civiles et séparation en Etats indépendants et rivaux qu'elles préparent. — Les invasions des étrangers en France et leurs conséquences.*

Les exemples que nous avons cités montrent que l'histoire d'un peuple ne dépend pas de ses institutions, mais de son caractère, c'est-à-dire de sa race. Nous avons vu d'autre part, en étudiant la formation des races historiques, que leur dissolution se fait par des croisements ; et que les peuples qui ont conservé leur unité et leur force, comme jadis les Aryens dans l'Inde, et, de nos jours, les Anglais dans leurs diverses colonies, sont ceux qui ont toujours évité soigneusement de se mêler à des étrangers. La présence d'étrangers, même en petit nombre, suffit à altérer l'âme d'un peuple. Elle lui fait perdre son aptitude à défendre les caractères de sa race, les monuments de son histoire, les œuvres de ses aïeux.

Cette conclusion ressort de tout ce qui précède. Si les divers éléments d'une civilisation doivent être considérés comme la manifestation extérieure de l'âme d'un peuple, il est évident que, dès que l'âme de ce peuple change, sa civilisation doit également changer.

L'histoire du passé nous en fournit d'incontestables preuves, et l'histoire de l'avenir en fournira bien d'autres encore.

La transformation progressive de la civilisation romaine est un des plus frappants exemples qu'on puisse invoquer.

Les historiens nous représentent généralement cet événement comme le résultat d'invasions destructives des Barbares ; mais une étude plus attentive des faits montre, d'une part, que ce sont des invasions pacifiques, et nullement guerrières, qui amenèrent la chute de l'Empire ; d'autre part, que, loin de vouloir renverser la civilisation romaine, les Barbares en furent toujours de respectueux admirateurs, et firent tous leurs efforts pour l'adopter et la continuer, ils essayèrent de s'approprier sa langue, ses institutions et ses arts. Jusque sous les derniers Mérovingiens, ils essayaient de continuer encore la grande civilisation dont ils avaient hérité. Tous les actes du grand empereur Charlemagne sont imprégnés de cette pensée.

Mais nous savons qu'une telle tâche fut toujours irréalisable. Il fallut aux Barbares plusieurs siècles pour former, par des croisements répétés et des conditions d'existence identiques, une race un peu homogène ; et quand cette race fut formée, elle possédait par ce seul fait des arts nouveaux, une langue nouvelle, des institutions nouvelles et par conséquent une civilisation nouvelle. La grande mémoire de Rome ne cessa de peser sur cette civilisation ; mais ce fut en vain qu'à plusieurs reprises on essaya de la faire revivre. En vain, la Renaissance essaya de ressusciter ses arts, la Révolution de ramener ses institutions.

Les Barbares qui envahirent progressivement l'Empire dès le premier siècle de notre ère, et finirent par l'absorber, ne songèrent donc jamais à détruire sa civilisation, mais uniquement à la continuer. Alors même qu'ils n'eussent jamais combattu Rome, et se fussent bornés à se mêler de plus en plus aux Romains chaque jour moins nombreux, le cours de l'histoire n'eût pas changé, ils n'auraient pas détruit l'Empire, mais la simple influence de leur mélange eût suffi à détruire l'âme romaine. On peut donc dire que la civilisation romaine n'a jamais été renversée, mais s'est simplement continuée en se transformant dans le cours des âges par le fait seul qu'elle est tombée dans les mains de races différentes.

Un simple coup d'œil sur l'histoire des invasions barbares justifie amplement ce qui précède.

Les travaux des érudits modernes, et notamment de Fustel de Coulanges, ont bien montré que ce furent les invasions pacifiques des Barbares, et nullement les invasions agressives — aisément repoussées par les Barbares à la solde de l'Empire — qui amenèrent l'évanouissement progressif de la puissance romaine. Dès les premiers empereurs, la coutume s'était introduite d'employer des Barbares dans les armées. Elle s'accentua de plus en plus à mesure que les Romains devenaient plus riches et plus réfractaires au service militaire ; et, au bout de quelques siècles, il n'y eut plus dans l'armée, comme dans l'administration, que des étrangers : « Les Wisigoths, les Burgondes, les Francs ont été des soldats fédérés au service de l'Empire romain. »

Quand Rome n'eut plus à son service que des Barbares, et que ses provinces furent gouvernées par des chefs barbares, il était évident que ces chefs se rendraient progressivement indépendants. Ils y réussirent, en effet, mais Rome exerçait un tel prestige qu'il ne vint jamais à l'idée d'aucun d'eux de renverser l'Empire, alors même que Rome tombait en son pouvoir. Lorsqu'un de ces chefs, Odoacre, roi des Hérules à la solde de l'Empire, s'empara de Rome, en 476, il s'empressa de solliciter de l'empereur résidant alors à Constantinople l'autorisation de gouverner l'Italie avec le titre de patrice. Aucun autre chef ne procéda autrement. C'était toujours au nom de Rome qu'ils gouvernaient les provinces. Ils n'eurent jamais l'idée de disposer du sol ni de toucher aux institutions. Clovis se considérait comme un fonctionnaire romain et fut très fier d'obtenir de l'empereur le titre de consul. Trente ans après sa mort, ses successeurs recevaient encore les lois édictées par les empereurs et se considéraient comme tenus de les faire observer. Il faut arriver au commencement du VIIᵉ siècle pour voir les chefs Barbares de la Gaule oser frapper des monnaies à leur effigie. Jusqu'alors elles portaient toujours l'effigie des empereurs. Ce n'est que de cette époque que l'on peut dire que les populations gauloises ne considérèrent plus l'empereur comme leur chef. Les historiens font donc commencer, en réalité, deux cents ans trop tôt l'histoire de France

L'HISTOIRE DES PEUPLES COMME CONSÉQUENCE DE LEUR CARACTÈRE

et nous donnent une dizaine de rois de trop.

Rien ne ressemble moins à une conquête que les invasions barbares, puisque les populations conservèrent leurs terres, leur langue
et leurs lois, ce qui n'est jamais le cas dans les vraies conquêtes,
telles, par exemple, que celle de l'Angleterre par les Normands.

Il est probable que la disparition de la puissance romaine fut si
progressive que les contemporains ne s'en aperçurent même pas.
Les provinces étaient habituées depuis des siècles à être gouvernées par des chefs agissant au nom des empereurs. Très progressivement et très lentement ces chefs finirent par agir pour leur
propre compte. Rien donc ne fut changé. Le même régime conti-
nua sous de nouveaux maîtres pendant toute la durée de l'époque
mérovingienne [1].

Le seul changement réel, et celui-là finit par devenir très profond,
fut la formation d'une race historique nouvelle, et comme conséquence nécessaire — suivant les lois que nous avons exposées — la
naissance d'une civilisation nouvelle.

Avec cette répétition éternelle des mêmes choses, qui semble la
plus solide des lois de l'histoire, nous sommes probablement ap-
pelés de nos jours à constater mies invasions pacifiques analogues
à celle qui amena la transformation de la civilisation romaine.
Avec l'extension générale de la civilisation moderne, il peut sembler aujourd'hui qu'il n'y ait plus de Barbares, ou du moins que ces
Barbares, perdus au fond de l'Asie et de l'Afrique, soient trop loin
de nous pour être bien redoutables. Assurément nous n'avons pas
à craindre leurs invasions ; et, s'ils sont redoutables, ce ne sera,
comme je l'ai montré dans un autre ouvrage, que par la concurrence économique qu'ils feront un jour à l'Europe. Ce n'est donc
pas d'eux qu'il s'agit ici, mais si les Barbares semblent bien loin, ils
sont pourtant en réalité bien près, beaucoup plus près qu'à l'époque
des empereurs romains. C'est dans le sein même des nations civilisées qu'ils se trouvent en effet. Par suite de la complication de notre
civilisation moderne, de la différenciation progressive des individus, dont j'ai parlé, chaque peuple contient un nombre immense
d'éléments inférieurs incapables de s'adapter à une civilisation trop

---

1 « Le gouvernement mérovingien, écrit M. Fustel de Coulanges, est pour plus des
trois quarts la continuation de celui que l'Empire romain avait donné à la Gaule...
Rien n'est féodal dans le gouvernement des Mérovingiens. »

élevée pour eux. C'est un énorme déchet sans cesse grandissant, et dont l'invasion sera redoutable pour les peuples qui la subiront.

C'est, aujourd'hui, vers les États-Unis d'Amérique que se dirigent comme d'un commun accord ces nouveaux Barbares, et c'est par eux que la civilisation de cette grande nation est sérieusement menacée. Tant que l'immigration étrangère a été rare, et composée surtout d'éléments anglais, l'absorption a été facile et utile. Elle a fait l'étonnante grandeur de l'Amérique. Aujourd'hui les États-Unis sont soumis à une gigantesque invasion d'éléments inférieurs qu'ils ne veulent ni ne peuvent s'assimiler. Entre 1880 et 1890 ils ont reçu près de 6 millions d'émigrants, presque exclusivement composés de travailleurs médiocres de toutes origines. Actuellement sur 1,100,000 habitants, Chicago ne compte pas un quart d'Américains. Cette ville renferme 400,000 Allemands, 220,000 Irlandais, 50,000 Polonais, 55,000 Tchèques, etc. Aucune fusion n'existe entre ces émigrants et les Américains. Ils ne se donnent même pas la peine d'apprendre la langue de leur nouvelle patrie et y forment de simples colonies occupées à des travaux mal rétribués. Ce sont des mécontents, et par conséquent des ennemis. Dans la grève récente des chemins de fer, ils ont failli incendier Chicago et il a fallu les mitrailler sans pitié. C'est uniquement parmi eux que se recrutent les adeptes de ce socialisme niveleur et grossier, réalisable peut-être dans une Europe affaiblie, mais tout à fait antipathique au caractère des vrais Américains. Les luttes que ce socialisme va engendrer sur le sol de la grande république seront, en réalité, des luttes de races arrivées à des niveaux d'évolution différents.

Il semble évident que dans la guerre civile qui se prépare entre l'Amérique des Américains et l'Amérique des étrangers, le triomphe ne sera pas du côté des Barbares. Cette lutte gigantesque se terminera sans doute par une de ces hécatombes reproduisant sur une échelle immense l'extermination complète des Cimbres par Marius. Si la lutte tarde un peu, et que l'invasion continue, la solution ne pourra être une destruction totale. La destinée des États-Unis sera probablement alors celle de l'Empire romain, c'est-à-dire une séparation des provinces actuelles de la République en États indépendants, aussi divisés et aussi fréquemment en guerre que ceux de l'Europe ou que ceux de l'Amérique espagnole.

Ce n'est pas l'Amérique seule que menacent de telles invasions.

Il est en Europe un État, la France, qui en est menacé également. C'est un pays riche, dont la population ne s'accroît plus, entouré de pays pauvres dont la population s'accroît constamment. L'immigration de ces voisins est fatale, et d'autant plus fatale que les exigences croissantes de nos ouvriers la rendent nécessaire pour les besoins de l'agriculture et de l'industrie.

Les avantages que trouvent ces émigrants sur notre sol sont évidents. Pas de régime militaire à subir, peu ou pas d'impôts en leur qualité de nomades étrangers, un travail plus facile et mieux rétribué que sur leur territoire natal. Ils se dirigent vers notre pays, non seulement parce qu'il est plus riche, mais aussi parce que la plupart des autres édictent chaque jour des mesures pour les repousser.

L'invasion des étrangers est d'autant plus redoutable, que ce sont, naturellement, les éléments les plus inférieurs, ceux qui n'arrivaient pas à se suffire à eux-mêmes dans leur patrie, qui émigrent. Nos principes humanitaires nous condamnent à subir une invasion croissante d'étrangers. Ils n'étaient pas 400,000 il y a quarante ans, ils sont plus de 1,200,000 aujourd'hui, et ils arrivent en rangs chaque jour plus pressés. Si l'on ne considérait que le nombre d'italiens qu'elle contient, Marseille pourrait être qualifiée de colonie italienne. L'Italie ne possède même aucune colonie qui contienne un pareil nombre d'italiens. Si les conditions actuelles ne changent pas, c'est-à-dire si ces invasions ne s'arrêtent pas, il faudra un temps bien court pour qu'en France un tiers de la population soit devenu allemand et un tiers italien. Que devient l'unité, ou simplement l'existence d'un peuple, dans des conditions semblables ? Les pires désastres sur les champs de bataille seraient infiniment moins redoutables pour lui que de telles invasions [1]. C'est un instinct très sûr que celui qui enseignait aux peuples anciens à redouter les <u>étrangers ; ils sa</u>vaient bien que la valeur d'un pays ne se mesure

1 Ces invasions étant la conséquence de certaine phénomènes économiques sur lesquels nous ne pouvons rien, il est impossible de les empêcher. On pourrait cependant prendre certaines mesures qui permettraient au moins de les ralentir : service militaire obligatoire dans la légion étrangère pour tous les étrangers âgés de moins de vingt-cinq ans et ayant deux années de séjour; taxe militaire pour ceux plus âgés; suppression à peu près absolue de la naturalisation; impôt du quart des revenus ou des salaires pour tous les individus d'origine étrangère, naturalisés ou non, établis en France depuis moins de cinquante ans. On pourrait considérer comme digne d'une statue, élevée par la patrie reconnaissante, le député qui aurait fait voter une telle loi.

Gustave Le Bon

pas au nombre de ses habitants, mais à celui de ses citoyens.

Nous voyons donc, une fois encore, qu'à la base de toutes les questions historiques et sociales se retrouve toujours l'inévitable problème des races. Il domine tous les autres.

## LIVRE IV
## COMMENT SE MODIFIENT
## LES CARACTÈRES PSYCHOLOGIQUES DES RACES

## CHAPITRE PREMIER
## LE RÔLE DES IDÉES DANS LA VIE DES PEUPLES

*Les idées directrices de chaque civilisation sont toujours en très petit nombre. — Lenteur extrême de leur naissance et de leur disparition. — Les idées n'agissent sur la conduite qu'après s'être transformées en sentiments. — Elles font alors partie du caractère. — C'est grâce à la lenteur de l'évolution des idées que les civilisations possèdent une certaine fixité. — Comment s'établissent les idées. — L'action du raisonnement est totalement nulle. — Influence de l'affirmation et du prestige. — Rôle des convaincus et des apôtres. — Déformation qu'éprouvent les idées en descendant dans les foules. — L'idée universellement admise agit bientôt sur tous les éléments de la civilisation. — C'est grâce à la communauté des idées que les hommes de chaque âge ont une somme de conceptions moyennes qui les rend fort semblables dans leurs pensées et leurs œuvres. — Le joug de la coutume et de l'opinion. — Il ne diminue qu'aux âges critiques de l'histoire où les vieilles idées ont perdu de leur influence et ne sont pas encore remplacées. — Cet âge critique est le seul où la discussion des opinions puisse être tolérée. — Lee dogmes ne se maintiennent qu'à la condition de n'être pas discutés. — Les peuples ne peuvent changer leurs idées et leurs dogmes sans être aussitôt obligés de changer de civilisation.*

Après avoir montré que les caractères psychologiques des races possèdent une grande fixité et que de ces caractères l'histoire des peuples dérive, nous avons ajouté que les éléments psychologiques pouvaient, de même que les éléments anatomiques des espèces, se transformer à la longue par de lentes accumulations héréditaires. C'est en grande partie de ces transformations que l'évolution des civilisations dépend.

Les facteurs susceptibles de provoquer les changements psychologiques sont variés. Les besoins, la concurrence vitale, l'action de certains milieux, les progrès des sciences et de l'industrie, l'éducation, les croyances et bien d'autres encore exercent leur action. Nous avons consacré déjà un volume [1] à l'étude du rôle de chacun d'eux.Il ne saurait donc être question de traiter en détail ce sujet maintenant. Nous n'y revenons ici que pour montrer, en choisissant quelques facteurs essentiels, le mécanisme de leur action. C'est à cette étude que sera consacré ce chapitre et ceux qui vont suivre.

L'étude des diverses civilisations qui se sont succédé depuis l'origine du monde prouve qu'elles ont toujours été guidées dans leurs développements par un très petit nombre d'idées fondamentales. Si l'histoire des peuples se réduisait à celle de leurs idées, cette histoire ne serait jamais bien longue. Lorsqu'une civilisation a réussi à créer en un siècle une ou deux idées fondamentales dans le domaine des arts, des sciences, de la littérature ou de la philosophie, on peut considérer qu'elle a été exceptionnellement brillante.

Les idées ne sauraient avoir d'action réelle sur l'âme des peuples que lorsque, à la suite d'une élaboration très lente, elles sont descendues des régions mobiles de la pensée dans cette région stable et inconsciente des sentiments où s'élaborent les motifs de nos actions. Elles deviennent alors des éléments du caractère et peuvent agir sur la conduite. Le caractère est en partie formé d'une stratification d'idées inconscientes.

Quand les idées ont subi cette lente élaboration, leur puissance est considérable, parce que la raison cesse d'avoir prise sur elles. Le convaincu que domine une idée quelconque, religieuse ou autre, est inaccessible à tous les raisonnements, quelque intelligent qu'on le suppose. Tout ce qu'il pourra tenter, et encore le plus souvent ne le tentera-t-il pas, ce sera de faire rentrer, par des artifices de pensée et des déformations souvent très grandes, l'idée qu'on lui objecte dans le cadre des conceptions qui le dominent.

Si les idées ne peuvent avoir d'action qu'après être lentement

---

1 *L'homme et les sociétés. Leurs origines et leur histoire*, t. II. Evolution des sociétés.

descendues des régions du conscient dans celles de l'inconscient, nous comprenons avec quelle lenteur elles doivent se transformer et pourquoi les idées directrices d'une civilisation sont si peu nombreuses et demandent si longtemps pour évoluer. Il faut nous féliciter qu'il en soit ainsi : car, autrement, les civilisations n'auraient pu avoir aucune fixité. Il est heureux également que des idées nouvelles puissent finir à la longue par se faire accepter, car si les anciennes idées étaient absolument immuables, les civilisations n'auraient pu réaliser aucun progrès. Grâce à la lenteur de nos transformations mentales, il faut plusieurs âges d'hommes pour faire triompher des idées nouvelles, et plusieurs âges d'hommes encore pour les faire disparaître. Les peuples les plus civilisés sont ceux dont les idées directrices ont su se maintenir à une égale distance de la variabilité et de la fixité. L'histoire est jonchée des débris de ceux qui n'ont pas su maintenir cet équilibre.

Il est donc facile de concevoir que ce qui frappe le plus, quand on parcourt l'histoire des peuples, ce ne soit pas la richesse et la nouveauté de leurs idées, mais au contraire l'extrême pauvreté de ces idées, la lenteur de leurs transformations, et la puissance qu'elles exercent. Les civilisations sont les résultats de quelques idées fondamentales et quand ces idées viennent à changer les civilisations sont aussitôt condamnées à changer. Le moyen âge a vécu sur deux idées principales : l'idée religieuse et l'idée féodale. De ces deux idées sont issus ses arts, sa littérature et sa conception de la vie tout entière. Au moment de la Renaissance, ces deux idées s'altèrent un peu ; l'idéal retrouvé du vieux monde gréco-latin s'impose à l'Europe, et aussitôt la conception de la vie, les arts, la philosophie, la littérature commencent à se transformer. Puis l'autorité de ta tradition s'ébranle, les vérités scientifiques se substituent graduellement à la vérité révélée, et de nouveau encore la civilisation se transforme. Aujourd'hui les vieilles idées religieuses semblent avoir définitivement perdu la plus grande partie de leur empire, et par cela seul toutes les institutions sociales qui s'appuyaient sur elle menacent de s'effondrer.

L'histoire de la genèse des idées, de leur domination, de leur usure, de leurs transformations, et de leur disparition ne saurait être faite qu'eu l'appuyant de nombreux exemples. Si nous pouvions entrer dans les détails, nous montrerions que chaque élément de civilisation philosophie, croyances, arts, littérature, etc., est soumis à un fort petit nombre d'idées directrices dent l'évolution est fort lente. Les sciences elles-mêmes n'échappent pas à cette loi. Toute la physique moderne dérive de l'idée d'indestructibilité de la force, toute la biologie, de l'idée du transformisme, toute ta médecine, de l'idée de l'action des infiniment petits, et l'histoire de ces idées montre que, bien qu'elles s'adressent aux esprits les plus éclairés elles ne s'établissent que peu à peu et avec peine. Dans un siècle où tout va si vite, dans un ordre de recherches où les passions et les intérêts ne partent guère, l'établissement d'une idée scientifique fondamentale ne prend pas moins de vingt-cinq ans. Les plus claires, les plus faciles à démontrer, celles qui devraient prêter le moins à la controverse, telles par exemple que l'idée de la circulation du sang, n'ont pas demandé un temps moins long.

Qu'il s'agisse d'une idée scientifique, artistique, philosophique, religieuse, en un mot d'une idée quelconque, sa propagation se fait toujours par un mécanisme identique. Il faut qu'elle soit d'abord adoptée par un petit nombre d'apôtres auxquels l'intensité de leur foi ou l'autorité de leur nom donnent un grand prestige. Ils agissent alors beaucoup plus par suggestion que par démonstration. Ce n'est pas dans la valeur d'une démonstration qu'il faut chercher les éléments essentiels du mécanisme de la persuasion.On impose ses idées soit par le prestige qu'on possède, soit en s'adressant aux passions, mais on n'exerce aucune influence en s'adressant uniquement à la raison. Les foules ne se laissent jamais persuader par des démonstrations, mais seulement par des affirmations, et l'autorité de ces affirmations dépend uniquement du prestige exercé par celui qui les énonce.

Lorsque les apôtres ont réussi à convaincre un petit cercle d'adeptes et formé ainsi de nouveaux apôtres, l'idée nouvelle commence à entrer dans le domaine de la discussion. Elle soulève tout d'abord une opposition universelle, parce qu'elle heurte forcément beaucoup de choses anciennes et établies. Les apôtres qui la défendent, se trouvent naturellement excités par cette opposition, qui ne fait que les persuader de leur supériorité sur le reste des hommes, et ils défendent avec énergie l'idée nouvelle, non pas parce qu'elle est vraie — le plus souvent ils n'en savent rien — mais simplement parce qu'ils l'ont adoptée. L'idée nouvelle est alors de plus en plus discutée, c'est-à-dire, en réalité, acceptée en bloc par les uns, rejetée en bloc par les autres. On échange des affirmations et des négations, et fort peu d'arguments, les seuls motifs d'acceptation ou de rejet d'une idée ne pouvant être, pour l'immense majorité des cerveaux, que des motifs de sentiment dans lesquels le raisonnement ne saurait jouer aucun rôle.

Grâce à ces débats toujours passionnés, l'idée progresse lentement. Les générations nouvelles qui la trouvent contestée tendent à l'adopter par le fait seul qu'elle est contestée. Pour la jeunesse, toujours avide d'indépendance, l'opposition en bloc aux idées reçues est la forme d'originalité qui lui est le plus accessible.

L'idée continue donc à grandir, et bientôt elle n'a plus besoin d'aucun appui. Elle va maintenant se répandre partout par le simple effet de l'imitation par voie de contagion, faculté dont les hommes sont généralement doués à un aussi haut degré que les grands singes anthropoïdes, que la science moderne leur assigne pour pères.

Dès que le mécanisme de la contagion intervient, l'idée entre dans la phase qui la conduit forcément au succès. L'opinion l'accepte bientôt. Elle acquiert alors une force pénétrante et subtile qui la répand progressivement dans tous les cerveaux, créant du même coup une sorte d'atmosphère spéciale, une manière générale de penser. Comme cette fine poussière des routes qui pénètre partout, elle se glisse dans toutes les conceptions et toutes les productions d'une époque. L'idée et ses conséquences font alors partie de ce stock compact de banalités héréditaires que nous impose l'éducation. Elle a triomphé et est entrée dans le domaine du sentiment, ce qui la met désormais pour longtemps à l'abri de toute atteinte.

De ces idées diverses qui guident une civilisation, les unes, celles relatives aux arts ou à la philosophie par exemple, restent dans les couches supérieures d'une nation ; les autres, celles relatives aux conceptions religieuses et politiques notamment, descendent parfois jusque dans la profondeur des foules. Elles y arrivent généralement fort déformées, mais, lorsqu'elles y arrivent, le pouvoir qu'elles exercent sur des âmes primitives incapables de discussion est immense. L'idée représente alors quelque chose d'invincible, et ses effet, se propagent avec la violence d'un torrent qu'aucune digue ne contient plus. Il est toujours facile de trouver chez un peuple cent mille. hommes prêts à se faire tuer pour défendre une idée dès que cette idée les a subjugués. C'est alors que surviennent ces grands événements qui révolutionnent l'histoire et que seules les foules peuvent accomplir. Ce n'est pas avec des lettrés, des artistes et des philosophes que se sont établies les religions qui ont gouverné le monde, ni ces vastes empires qui se sont étendus d'un hémisphère à l'autre, ni les grandes révolutions religieuses et politiques qui ont bouleversé l'Europe. C'est avec des illettrés assez dominés par une idée pour sacrifier leur vie à sa propagation. Avec ce bagage théoriquement très mince, mais pratiquement très fort, les nomades des déserts de l'Arabie ont conquis une partie du vieux monde gréco-romain et fondé un des plus gigantesques empires qu'ait connus l'histoire. C'est avec un semblable bagage moral — la domination d'une idée — que les héroïques soldats de la Convention ont victorieusement tenu tête à l'Europe en armes.

Une forte conviction est tellement irrésistible que seule, une conviction égale a des chances de lutter victorieusement contre elle. La foi n'a d'autre ennemi sérieux à craindre que la foi. Elle est sûre du triomphe quand la force matérielle qu'on lui oppose est au service de sentiments faibles et de croyances affaiblies. Mais si elle se trouve en face d'une foi de même intensité, la lutte devient très vive et le succès est alors déterminé par des circonstances accessoires, le plus souvent d'ordre moral, telles que l'esprit de discipline et la meilleure organisation. En étudiant de près l'histoire des Arabes, que nous citions à l'instant, nous constaterions que, dans leurs premières conquêtes, — et ce sont toujours ces conquêtes qui sont à la fois les plus difficiles et les plus importantes — ils rencontrèrent des adversaires moralement très faibles, bien que leur organisation militaire fût assez savante. Ce fut d'abord en Syrie qu'ils portèrent leurs armes. Ils n'y trouvèrent que des armées byzantines formées de mercenaires peu disposés à se sacrifier pour une cause quelconque. Animés d'une foi intense qui décuplait leurs forces, ils dispersèrent ces troupes sans idéal, aussi facilement que jadis une poignée de Grecs, soutenus par l'amour de la cité, dispersèrent les innombrables soldats de Xerxès. L'issue de leur entreprise eût été tout autre si quelques siècles plus tôt ils s'étaient heurtés aux cohortes de Rome. Il est évident que lorsque des forces morales également puissantes sont en présence, ce sont toujours les mieux organisées qui l'emportent. Les Vendéens avaient assurément une foi très vive, c'étaient des convaincus énergiques ; mais les soldats de la Convention avaient, eux aussi, des convictions très fortes, et, comme ils étaient militairement mieux organisés, ce furent eux qui l'emportèrent.

En religion comme en politique le succès est toujours aux croyants, jamais aux sceptiques, et si aujourd'hui l'avenir semble appartenir aux socialistes, malgré l'inquiétante absurdité de leurs dogmes, c'est qu'il n'y a plus qu'eux qui soient réellement convaincus, les classes dirigeantes modernes ont perdu la foi en toutes choses. Elles ne croient plus à rien, pas même à la possibilité de se défendre contre le flot menaçant des barbares qui les entourent de toutes parts.

Lorsque, après une période plus ou moins longue de tâtonnements, de remaniements, de déformations, de discussion, de propagande, une idée a acquis sa forme définitive et a pénétré dans l'âme des foules, elle constitue un dogme, c'est-à-dire une de ces vérités absolues qui ne se discutent plus. Elle fait alors partie de ces croyances générales sur lesquelles l'existence des peuples repose. Sou caractère universel lui permet de jouer un rôle prépondérant. Les grandes époques de l'histoire, le siècle d'Auguste comme celui de Louis XIV, sont celles où les idées sorties des périodes de tâtonnements et de discussion se sont fixées et sont devenues maîtresses souveraines de la pensée des hommes. Elles deviennent alors des phares lumineux, et tout ce qu'elles éclairent de leurs feux revêt une teinte semblable.

Dès qu'une idée nouvelle a triomphé, elle marque son empreinte sur les moindres éléments de la civilisation ; mais pour qu'elle produise tous ses effets, il faut qu'elle pénètre aussi dans l'âme des foules. Des sommets intellectuels où elle a pris naissance, elle descend de couche en couche en s'altérant et se modifiant sans cesse jusqu'à ce qu'elle ait revêtu une forme accessible à l'âme populaire qui la fera triompher. Elle se présente alors concentrée en un petit nombre de mots, parfois en un seul, mais ce mot évoque de puissantes images, séduisantes ou terribles, et par conséquent impressionnantes toujours. Tels le paradis et l'enfer au moyen âge, courtes syllabes qui ont le pouvoir magique de répondre à tout, et pour les âmes simples d'expliquer tout. Le mot socialisme représente pour l'ouvrier moderne une de ces formules magiques et synthétiques capables de dominer les âmes. Elle évoque, suivant les masses où elle pénètre, des images variées, mais puissantes malgré leurs formes toujours rudimentaires.

Pour le théoricien français, le mot socialisme évoque l'image d'une sorte de paradis où les hommes devenus égaux jouiront sous la direction incessante de l'État d'une félicité idéale. Pour l'ouvrier allemand, l'image évoquée se présente sous forme d'une fumeuse taverne où le gouvernement servirait gratuitement à tout venant de gigantesques pyramides de saucisses et de choucroute, et un nombre infini de cruches de bière. Nul, bien entendu, rêveur de choucroute ou rêveur d'égalité, ne s'est jamais préoccupé de connaître la somme réelle des choses à partager et le nombre des partageants. Le propre de l'idée est de s'imposer avec une forme absolue qu'aucune objection ne saurait atteindre.

Lorsque l'idée a peu à peu fini par se transformer en sentiment et est devenue un dogme, son triomphe est acquis pour une longue période, et tous les raisonnements tenteraient vainement de l'ébranler. Sans doute l'idée nouvelle finira, elle aussi, par subir le rôle de celle qu'elle a remplacée. Elle vieillira et déclinera ; mais avant sa complète usure, il lui faudra subir toute une série de transformations régressives, de déformations variées, qui demanderont pour s'accomplir plusieurs générations. Avant de mourir tout entière elle fera longtemps partie des vieilles idées héréditaires que nous qualifions de préjugés, muais que nous respectons pourtant. L'idée ancienne, alors même qu'elle n'est plus qu'un mot, un son, un mirage, possède un pouvoir magique qui nous subjugue encore.

Ainsi se maintient ce vieil héritage d'idées surannées, d'opinions, de conventions, que nous acceptons dévotement, et qui ne résisteraient pas à quelques efforts de raisonnement si nous voulions les discuter un instant. Mais combien d'hommes sont-ils capables de discuter leurs propres opinions, et combien est-il de ces opinions qui subsisteraient après le plus superficiel examen ?

Mieux vaut ne pas le tenter, cet examen redoutable. Nous y sommes heureusement peu exposés. L'esprit critique constituant une faculté supérieure fort rare, alors que l'esprit d'imitation représente une faculté infiniment répandue, l'immense majorité des cerveaux accepte sans discussion les idées toutes faites que lui fournit l'opinion et que l'éducation lui transmet.

Et c'est ainsi que, de par l'hérédité, l'éducation, le milieu, la contagion, l'opinion, les hommes de chaque âge et de chaque race ont une somme de conceptions moyennes qui les rendent singulièrement semblables les uns aux autres, et semblables à ce point que lorsque les siècles se sont appesantis sur eux, nous reconnaissons par leurs productions artistiques, philosophiques et littéraires, l'époque où ils ont vécu. Sans doute on ne pourrait dire qu'ils se copiaient absolument, mais ce qu'ils ont eu en commun c'étaient des modes identiques de sentir, de penser, conduisant nécessairement à des productions fort parentes.

Il faut se féliciter qu'il en soit ainsi, car c'est précisément ce réseau de traditions, d'idées, de sentiments, de croyances, de modes de penser communs qui forment l'âme d'un peuple. Nous avons vu que cette âme est d'autant plus solide que ce réseau est plus fort. C'est lui en réalité, et lui seul, qui maintient les nations, et il ne saurait se désagréger sans que ces nations se dissolvent aussitôt. Il constitue à la fois leur vraie force et leur vrai maître. On représente parfois les souverains asiatiques comme des sortes de despotes n'ayant que leurs fantaisies pour guide. Ces fantaisies sont, au contraire, enfermées dans des limites singulièrement étroites. C'est en Orient, surtout, que le réseau des traditions est puissant. Les traditions religieuses, si ébranlées chez nous, y ont conservé tout leur empire, et le despote le plus fantaisiste ne se heurterait jamais à ces deux souverains qu'il sait infiniment plus puissants que lui la tradition et l'opinion.

L'homme civilisé moderne se trouve à une de ces rares périodes critiques de l'histoire où les idées anciennes, d'où sa civilisation dérive, ayant perdu leur empire, et les idées nouvelles n'étant pas encore formées, la discussion est tolérée. Il lui faut se reporter soit aux époques des civilisations antiques, soit seulement à deux ou trois siècles en arrière pour concevoir ce qu'était alors le joug de la coutume et de l'opinion, et savoir ce qu'il en coûtait au novateur assez hardi pour s'attaquer à ces deux puissances. Les Grecs, que d'ignorants rhéteurs nous disent avoir été si libres, étaient soumis étroitement au joug de l'opinion et de la coutume. Chaque citoyen était entouré d'un faisceau de croyances absolument inviolables ; nul n'aurait songé à discuter les idées reçues et les subissait sans esprit de révolte. Le monde grec n'a connu ni la liberté religieuse ni la liberté de la vie privée, ni libertés d'aucune sorte. La loi athénienne ne permettait pas même à un citoyen de vivre à l'écart des assemblées, ou de ne pas célébrer religieusement une fête nationale. La prétendue liberté du monde antique n'était que la forme inconsciente, et par conséquent parfaite, de l'assujettissement absolu du citoyen au joug des idées de sa cité. Dans l'état de guerre générale où les sociétés vivaient alors, une société dont les membres eussent possédé la liberté de penser et d'agir n'eût pas subsisté un seul jour. L'âge de la décadence pour les dieux, les institutions et les dogmes a toujours commencé le jour où ils ont supporté la discussion.

Dans les civilisations modernes, les vieilles idées qui servaient de base à la coutume et à l'opinion étant presque détruites, leur empire sur les âmes est devenu très faible. Elles sont entrées dans cette phase d'usure durant laquelle les idées anciennes passent à l'état de préjugé. l'ont qu'elles ne sont pas remplacées par une idée nouvelle, l'anarchie règne dans les esprits. Ce n'est que grâce à cette anarchie que la discussion peut être tolérée. Écrivains, penseurs et philosophes doivent bénir l'âge actuel et se hâter d'en profiter, car ils ne le reverront plus. C'est un âge de décadence peut-être, mais c'est un des rares moments de l'histoire du monde où l'expression de la pensée est libre. Il ne saurait durer. Avec les conditions actuelles de la civilisation les peuples européens marchent vers un état social qui ne tolérera ni discussion ni liberté. Les dogmes nouveaux qui vont naître ne sauraient s'établir, en effet, qu'à la condition de n'accepter de discussions d'aucune sorte et d'être aussi intolérants que ceux qui les ont précédés.

L'homme actuel cherche encore les idées qui devront servir de base à un futur état social, et là est le danger pour lui. Ce qui importe dans l'histoire des peuples, et ce qui influe profondément sur leur destinée, ce ne sont ni les révolutions, ni les guerres — leurs ruines s'effacent vite — ce sont les changements dans les idées fondamentales. Ils ne sauraient s'accomplir sans que, du même coup, tous les éléments d'une civilisation soient condamnés à se transformer. Les vraies révolutions, les seules dangereuses pour l'existence d'un peuple, sont celles qui atteignent sa pensée.

Ce n'est pas tant l'adoption d'idées nouvelles qui est dangereuse pour un peuple, que l'essai successif d'idées auquel il est condamné avant de trouver celle sur laquelle il pourra solidement asseoir un édifice social nouveau destiné à remplacer l'ancien. Ce n'est pas certes parce que l'idée est erronée qu'elle est dangereuse — les idées religieuses dont nous avons vécu jusqu'ici étaient fort erronées — mais c'est parce qu'il faut des expériences longtemps répétées pour savoir si les idées nouvelles peuvent s'adapter aux besoins des sociétés qui les adoptent. Leur degré d'utilité n'est malheureusement appréciable pour les toutes qu'au moyen de l'expérience. Sans doute, il n'est pas besoin d'être un grand psychologue, ni un grand économiste, pour prédire que l'application des idées socialistes actuelles conduira les peuples qui les adopteront à un état d'abjecte décadence et de honteux despotisme : mais comment empêcher les peuples qu'elles séduisent d'accepter l'évangile nouveau lui leur est prêché ?

L'histoire nous montre fréquemment ce qu'a coûté l'essai des idées inacceptables pour une époque, mais ce n'est pas dans l'histoire que l'homme puise ses leçons. Charlemagne essaya vainement de refaire l'empire romain, mais l'idée d'unité n'était plus réalisable alors, et son œuvre périt avec lui, comme devait périr plus tard celle de Napoléon. Philippe II usa inutilement son génie et la puissance de l'Espagne — prédominante alors — à combattre l'esprit de libre examen qui, sous le nom de protestantisme, se répandait en Europe. Tous ses efforts contre l'idée nouvelle ne réussirent qu'à jeter l'Espagne dans un état de ruine et de décadence dont elle ne s'est jamais relevée. De nos jours, les idées chimériques d'un visionnaire couronné, inspiré par l'incurable sensiblerie internationale de sa race, ont fait l'unité de l'Italie et de l'Allemagne, et nous ont coûté deux provinces et la paix pour longtemps. L'idée si profondément fausse que le nombre fait la force des armées a couvert l'Europe d'une sorte de garde nationale en armes, et la mène à une inévitable faillite. Les idées socialistes sur le travail, le capital, la transformation de la propriété privée en propriété de l'état, etc., achèveront les peuples que les armées permanentes et la faillite auront épargné.

Le principe des nationalités, si cher jadis aux hommes d'État et

COMMENT SE MODIFIENT LES CARACTÈRES...

dont ils faisaient tout le fondement de leur politique, peut être encore cité parmi les idées directrices dont il a fallu subir la dangereuse influence. Sa réalisation a conduit l'Europe aux guerres les plus désastreuses, l'a mise sous les armes et conduira successivement tous les États modernes à la ruine et à l'anarchie. Le seul motif apparent qu'on pouvait invoquer pour défendre ce principe était que les pays les plus grands et les plus peuplés sont les plus forts et les moins menacés. Secrètement, on pensait aussi qu'ils étaient les plus aptes aux conquêtes. Or, il se trouve aujourd'hui que ce sont précisément les pays les plus petits et les moins peuplés : le Portugal, la Grèce, la Suisse, la Belgique, la Suède, les minuscules principautés des Balkans, qui sont les moins menacés. L'idée de l'unité a ruiné l'Italie, jadis si prospère, au point qu'elle est aujourd'hui à la veille d'une révolution et d'une faillite. Le budget annuel des dépenses de tous les États italiens, qui, avant la réalisation de l'unité italienne, s'élevait à 550 millions, atteint 2 milliards aujourd'hui.

Mais il n'est pas donné aux hommes d'arrêter la marche des idées lorsqu'elles ont pénétré dans les âmes. Il faut alors que leur évolution s'accomplisse et elles ont le plus souvent pour défenseurs ceux-là même qui sont marqués pour leurs premières victimes. Il n'y a pas que les moutons qui suivent docilement le guide qui les conduit à l'abattoir. Inclinons-nous devant la puissance de l'idée. Quand elle est arrivée à une certaine période de son évolution, il n'y a plus ni raisonnements, ni démonstrations qui pourraient prévaloir contre elle. Pour que les peuples puissent s'affranchir du joug d'une idée, il faut des siècles ou des révolutions violentes ; les deux parfois. L'humanité n'en est plus à compter les chimères qu'elle s'est forgées et dont elle a été successivement victime.

## CHAPITRE II
## LE RÔLE DES CROYANCES RELIGIEUSES
## DANS L'ÉVOLUTION DES CIVILISATIONS

*Influence prépondérante des idées religieuses. — Elles ont toujours constitué l'élément le plus important de la vie des peuples. — La plupart des événements historiques, ainsi que les institutions politiques et sociales, dérivent des idées religieuses. — Avec une idée religieuse nouvelle naît toujours une civilisation nouvelle. — Puissance de l'idéal religieux. — Son influence sur le caractère. — Il tourne toutes les facultés vers un même but. — L'histoire politique, artistique et littéraire des peuples est fille de leurs croyances. — Le moindre changement dans l'état des croyances d'un peuple a pour conséquence toute une série de transformations dans son existence. — Exemples divers.*

Parmi les idées diverses qui conduisent les peuples et qui sont les phares de l'histoire, les pôles de la civilisation, les idées religieuses ont joué un rôle trop prépondérant et trop fondamental pour que nous ne leur consacrions pas un chapitre spécial.

Les croyances religieuses out toujours constitué l'élément le plus important de la vie des peuples et par conséquent de leur histoire. Les plus considérables des événements historiques, ceux qui ont eu la plus colossale influence, ont été la naissance et la mort des dieux. Avec une idée religieuse nouvelle naît une civilisation nouvelle. A tous les âges de l'humanité, aux temps anciens comme aux temps modernes, les questions fondamentales ont toujours été des questions religieuses.

Si l'humanité pouvait permettre à tous ses dieux de mourir, on pourrait dire d'un tel événement qu'il serait par ses conséquences le plus important de ceux qui se sont accomplis à la surface de notre planète depuis la naissance des premières civilisations.

Il ne faut pas oublier en effet que, depuis l'aurore des temps historiques, toutes les institutions politiques ct sociales uul été fondées sur des croyances religieuses, et que, sur la scène du monde, les dieux ont toujours joué le premier rôle. En dehors de l'amour, qui est, lui aussi, une religion puissante, mais personnelle et transitoire, les croyances religieuses peuvent seules agir d'une façon rapide sur le caractère. Les conquêtes des Arabes, les Croisades, l'Espagne sous l'inquisition, l'Angleterre pendant l'époque puritaine, la France avec la Saint-Barthélemy et les guerres de la révolution, montrent ce que devient un peuple fanatisé par ses chimères. Celles-ci exercent une sorte d'hypnotisation permanente tellement intense que toute la constitution mentale en est profondément transformée. C'est l'homme sans doute qui a créé les dieux, mais après les avoir créés il a été promptement asservi par eux. Ils ne sont pas fils de la peur, comme le prétend Lucrèce, mais bien de l'espérance, et c'est pourquoi leur influence sera éternelle.

Ce que les dieux ont donné è l'homme, et eux seuls jusqu'à présent ont pu le lui donner, c'est un état d'esprit comportant le bonheur. Aucune philosophie n'a jamais su encore réaliser une telle tâche.

La conséquence, sinon le but, de toutes les civilisations, de toutes les philosophies, de toutes les religions, est d'engendrer certains états d'esprit. Or, de ces états d'esprit, les uns impliquent le bonheur, les autres ne l'impliquent pas. C'est très peu des circonstances extérieures et beaucoup de l'état de notre âme que dépend le bonheur. Les martyrs sur leurs bûchers se trouvaient probablement beaucoup plus heureux que leurs bourreaux. Le cantonnier dévorant avec insouciance sa croûte de pain frottée d'ail peut être infiniment plus heureux qu'un millionnaire que les soucis assiègent.

L'évolution de la civilisation a malheureusement créé chez l'homme moderne une foule de besoins sans lui donner les moyens de les satisfaire et produit ainsi un mécontentement général dans les âmes. Elle est mère du progrès sans doute, la civilisation, mais elle est mère aussi du socialisme et de l'anarchie, ces expressions redoutables du désespoir des foules, qu'aucune croyance ne soutient plus. Comparez l'Européen inquiet, fiévreux, mécontent de son sort, avec l'Oriental, toujours heureux de sa destinée. En quoi diffèrent-ils, sinon par l'état de leur âme ? On a transformé un peuple quand on a transformé sa façon de concevoir et par conséquent de penser et d'agir.

Trouver les moyens de créer un état d'esprit rendant l'homme heureux, voilà ce qu'une société doit avant tout chercher, sous peine de ne pouvoir subsister longtemps. Toutes les sociétés fondées jusqu'ici ont eu pour soutien un idéal capable de subjuguer les âmes, et elles se sont toujours évanouies dès que cet idéal a cessé de les subjuguer.

Une des grandes erreurs de l'âge moderne est de croire que c'est seulement dans les choses extérieures, que l'âme humaine peut trouver le bonheur. Il est en nous-mêmes, créé par nous-mêmes et presque jamais hors de nous-mêmes. Après avoir brisé les idéals des vieux âges, nous constatons aujourd'hui qu'il n'est pas possible de vivre sans eux, et que, sous peine d'avoir à disparaître, il faut trouver le secret de les remplacer.

Gustave Le Bon

Les véritables bienfaiteurs de l'humanité, ceux qui méritent que les peuples reconnaissants leur élèvent de colossales statues d'or, ce sont ces magiciens puissants, créateurs d'idéals, que l'humanité produit quelquefois, mais qu'elle produit si rarement. Au-dessus du torrent des vaines apparences, seules réalités que l'homme puisse jamais connaître, au-dessus de l'engrenage rigide et glacial du monde, ils ont fait surgir de puissantes et pacifiantes chimères, qui cachent à l'homme les côtés sombres de su destinée, et créent pour lui les demeures enchantées du rêve et de l'espoir.

En se plaçant exclusivement au point de vue politique, on constate que là encore l'influence des croyances religieuses est immense. Ce qui fait leur irrésistible force, c'est qu'elles constituent le seul facteur qui puisse momentanément donner à un peuple une communauté absolue d'intérêts, de sentiments et de pensées. L'esprit religieux remplace ainsi d'un seul coup ces lentes accumulations héréditaires nécessaires pour former l'âme d'une nation. Le peuple subjugué par une croyance ne change tels sans doute de constitution mentale mais toutes ses facultés sont tournées vers un même but : le triomphe de sa croyance, et, par ce seul fait, sa puissance devient formidable. C'est aux époques de foi que, momentanément transformés, les peuples accomplissent ces efforts prodigieux, ces fondations d'empires qui étonnent l'histoire. C'est ainsi que quelques tribus arabes, unifiées par la pensée de Mahomet, conquirent en peu d'années des nations qui ignoraient jusqu'à leurs noms, et fondèrent leur immense empire.

Ce n'est pas la qualité des croyances qu'il faut considérer, mais le degré de domination qu'elles exercent sur les âmes. Que le dieu invoqué soit Moloch ou toute autre divinité plus barbare encore, il n'importe. Il importe même pour son prestige qu'il soit tout à fait intolérant et barbare. Les dieux trop tolérants et trop doux ne donnent aucune puissance à leurs adorateurs. Les sectateurs du rigide Mahomet dominèrent pendant longtemps une grande partie du monde et sont redoutables encore ; ceux du pacifique Bouddha n'ont jamais rien fondé de durable et sont déjà oubliés par l'histoire.

L'esprit religieux a donc joué un rôle politique capital dans l'existence des peuples, parce qu'il fut toujours le seul facteur capable d'agir rapidement sur leur caractère. Sans doute, les dieux ne sont pas immortels, mais l'esprit religieux, lui, est éternel. Assoupi pour quelque temps, il se réveille dès qu'une nouvelle divinité est créée. Il a permis à la France, il y a un siècle, de tenir victorieusement tête à l'Europe en armes. Le monde a vu, une fois encore, ce que peut l'esprit religieux ; car ce fut vraiment une religion nouvelle qui se fondait alors, et qui anima de son souffle tout un peuple. Les divinités qui venaient d'éclore étaient sans doute trop fragiles pour pouvoir durer ; mais aussi longtemps qu'elles durèrent, elles exercèrent un empire absolu.

Le pouvoir de transformer les âmes que les religions possèdent est d'ailleurs assez éphémère. Il est rare que les croyances se maintiennent pendant un temps un peu long à ce degré d'intensité qui transforme entièrement le caractère. Le rêve finit par pâlir, l'hypnotisé se réveille un peu, et le vieux fond du caractère reparaît.

Alors même que les croyances sont toutes-puissantes, le caractère national se reconnaît toujours à la façon dont ces croyances sont adoptées et aux manifestations qu'elles provoquent. Voyez la même croyance en Angleterre, en Espagne et en France : quelles différences

La Réforme eût-elle jamais été possible en Espagne, et l'Angleterre eût-elle jamais consenti à se soumettre à l'effroyable joug de l'Inquisition ? Chez les peuples qui ont adopté la Réforme, ne perçoit-on pas aisément les caractères fondamentaux de races qui, malgré l'hypnotisation des croyances, avaient conservé les traits spéciaux de leur constitution mentale : l'indépendance, l'énergie, l'habitude de raisonner et de ne pas subir servilement la loi d'un maître ?

L'histoire politique, artistique et littéraire des peuples est fille de leurs croyances ; mais ces dernières, tout en modifiant le caractère, sont également profondément modifiées par lui. Le caractère d'un peuple et ses croyances, telles sont les clefs de sa destinée. Le premier est, dans ses éléments fondamentaux, invariable, et c'est précisément parce qu'il ne varie pas que l'histoire d'un peuple conserve toujours une certaine unité. Les croyances, elles, peuvent varier, et c'est justement parce qu'elles varient que l'histoire enregistre tant de bouleversements.

Le moindre changement dans l'état des croyances d'un peuple a forcément pour suite toute une série de transformations dans son existence. Nous disions, dans un précédent chapitre, qu'en France, les hommes du XVIII<sup>e</sup> siècle semblaient fort différents de ceux du XVII<sup>e</sup>. Sans doute, mais quelle est l'origine de cette différence ? Simplement dans ce fait que, d'un siècle à l'autre, l'esprit avait passé de la théologie à la science, opposé la raison à la tradition, la vérité observée à la vérité révélée. Par ce simple changement de conceptions, l'aspect d'un siècle s'est transformé, et, si nous voulions en suivre les effets, nous verrions que notre grande Révolution, ainsi que les événements qui la suivent et durent encore, sont la simple conséquence d'une évolution des idées religieuses.

Et si aujourd'hui la vieille société chancelle sur ses bases et voit toutes ses institutions profondément ébranlées, c'est qu'elle perd de plus en plus les antiques croyances dont elle avait vécu jusqu'ici. Quand elle les aura tout à fait perdues, une civilisation nouvelle, fondée sur une foi nouvelle prendra nécessairement sa place. L'histoire nous montre que les peuples ne survivent pas longtemps à la disparition de leurs dieux. Les civilisations nées avec eux meurent également avec eux. Il n'est rien d'aussi destructif que la poussière des dieux morts.

## CHAPITRE III
## LE RÔLE DES GRANDS HOMMES DANS L'HISTOIRE DES PEUPLES

*Les grands progrès de chaque civilisation ou toujours été réalisés par une petite élite d'esprits supérieurs. — Nature de leur rôle. — Ils synthétisent tous les efforts d'une race. — Exemples fournis par les grandes découvertes. — Rôle politique des grands hommes. — Ils incarnent l'idéal dominant de leur race. — Influence des grands hallucinés. — Les inventeurs de génie transforment une civilisation. — Les fanatiques et les hallucinés font l'histoire.*

En étudiant la hiérarchie et la différenciation des races, nous avons vu que ce qui différencie le plus les Européens des Orientaux, c'est que les premiers sont les seuls à posséder une élite d'hommes supérieurs. Essayons de marquer en quelques lignes les limites du rôle de cette élite.

Cette petite phalange d'hommes éminents qu'un peuple civilisé possède et qu'il suffirait de supprimer à chaque génération pour abaisser considérablement le niveau intellectuel de ce peuple, constitue la véritable incarnation des pouvoirs d'une race. C'est à elle que sont dus les progrès réalisés dans les sciences, les arts, l'industrie, en un mot dans toutes les branches de la civilisation.

L'histoire démontre que c'est à cette élite peu nombreuse que nous sommes redevables de tous les progrès accomplis. Bien que profitant de ces progrès la foule n'aime guère cependant qu'on la dépasse, et les plus grands penseurs ou inventeurs ont été bien souvent ses martyrs. Cependant toutes les générations, tout le passé d'une race, s'épanouissent en ces beaux génies qui sont les fleurs merveilleuses d'une race. Ils sont la vraie gloire d'une nation, et chacun, jusqu'au plus humble, pourrait s'enorgueillir en eux. Ils ne paraissent pas au hasard et par miracle, mais représentent le couronnement d'un long passé. Ils synthétisent la grandeur de leur temps et de leur race. Favoriser leur éclosion et leur développement, c'est favoriser l'éclosion du progrès dont bénéficiera toute l'humanité. Si nous nous laissions trop aveugler par nos rêves d'égalité universelle nous en serions les premières victimes. L'égalité ne peut exister que dans l'infériorité, elle est le rêve obscur et pesant des médiocrité vulgaires, Les temps de sauvagerie l'ont seuls réalisée. Pour que l'égalité régnât dans le monde, il faudrait rabaisser peu à peu tout ce qui fait la valeur d'une race au niveau de ce qu'elle a de moins élevé.

Mais si le rôle des hommes supérieurs est considérable dans le développement d'une civilisation, il n'est pas cependant tout à fait tel qu'on le dit généralement. Leur action consiste, je le répète, à synthétiser tous les efforts d'une race ; leurs découvertes sont toujours le résultat d'une longue série de découvertes antérieures ; ils bâtissent un édifice avec des pierres que d'autres ont lentement taillées. Les historiens, généralement fort simplistes, ont toujours cru pouvoir accoler devant chaque invention le nom d'un homme ; et pourtant, parmi les grandes inventions qui ont transformé le monde, telles que l'imprimerie, la poudre, la vapeur, la télégraphie électrique, il n'en est pas une dont on puisse dire qu'elle a été créée par un seul cerveau. Quand on étudie la genèse de telles découvertes, on voit toujours qu'elles sont nées d'une longue série d'efforts préparatoires : l'invention finale n'est qu'un couronnement. L'observation de Galilée sur l'isochronisme des oscillations d'une lampe suspendue prépara l'invention des chronomètres de précision, d'où devait résulter pour le marin la possibilité de retrouver sûrement sa route sur l'Océan. La poudre à canon est sortie du feu grégeois lentement transformé. La machine à vapeur représente la somme d'une série d'inventions dont chacune a exigé d'immenses travaux. Un Grec, eût-il eu cent fois le génie d'Archimède, n'aurait pu découvrir la locomotive. Il ne lui eût aucunement servi d'ailleurs de la découvrir, car, pour l'exécuter, il lui eût fallu attendre que la mécanique eût réalisé des progrès qui ont demandé deux mille ans d'efforts.

Pour être, en apparence, plus indépendant du passé, le rôle politique des grands hommes d'État ne l'est pas beaucoup moins cependant que celui des grands inventeurs. Aveuglés par l'éclat bruyant de ces puissants remueurs d'hommes qui transforment l'existence politique des peuples, des écrivains tels que Hegel, Cousin, Carlyle, etc., ont voulu en faire des demi-dieux dont le génie seul modifie la destinée des peuples. Ils peuvent sans doute troubler l'évolution d'une société, mais il ne leur est pas donné d'en changer le cours. Le génie d'un Cromwell ou d'un Napoléon ne saurait accomplir une telle tâche. Les grands conquérants peuvent détruire par le fer et le feu les villes, les hommes et les empires comme un enfant peut incendier un musée rempli des trésors de l'art ; mais cette puissance destructive ne doit pas nous illusionner sur la nature de leur rôle. L'influence des grands hommes politiques n'est durable que lorsque, comme César ou Richelieu, ils savent diriger leurs efforts dans le sens des besoins du moment ; la vraie cause de leurs succès est généralement alors bien antérieure à eux-mêmes. Deux ou trois siècles plus tôt César n'eût pas plié la grande république romaine sous la loi d'un maître, et Richelieu eût été impuissant à réaliser l'unité française. En politique, les véritables grands hommes sont ceux qui pressentent les besoins qui vont naître, les événements que le passé a préparés, et montrent le chemin où il faut s'engager. Nul ne le voyait peut-être, ce chemin, mais les fatalités de l'évolution devaient bientôt y pousser les peuples aux destins desquels ces puissants génies président momentanément. Eux aussi, comme les grands inventeurs, synthétisent les résultats d'un long travail antérieur.

Il ne faudrait pas pousser trop loin cependant ces analogies entre les diverses catégories des grands hommes. Les inventeurs jouent un rôle important dans l'évolution future d'une civilisation, mais aucun rôle immédiat dans l'histoire politique des peuples. Les hommes supérieurs auxquels sont dues, depuis la charrue jusqu'au télégraphe, les importantes découvertes qui sont le patrimoine commun de l'humanité, n'ont jamais eu les qualités de caractère nécessaires pour fonder une religion ou conquérir un empire, c'est-à-dire pour changer visiblement la face de l'histoire. Le penseur voit trop la complexité des problèmes pour avoir jamais des convictions bien profondes, et trop peu de buts politiques lui paraissent assez dignes de ses efforts pour qu'il en poursuive aucun. Les inventeurs peuvent modifier à la longue une civilisation ; les fanatiques, à l'intelligence étroite, mais au caractère énergique et aux passions puissantes, peuvent seuls fonder des religions, des empires et soulever le monde. A la voix d'un Pierre l'Ermite, des millions d'hommes se sont précipités sur l'Orient : les paroles d'un halluciné, comme Mahomet, ont créé la force nécessaire pour triompher du vieux monde gréco-romain ; un moine obscur, comme Luther, a mis l'Europe à feu et à sang. Ce n'est pas parmi les foules que la voix d'un Galilée ou d'un Newton aura jamais le plus faible écho. Les inventeurs de génie hâtent la marche de la civilisation. Les fanatiques et les hallucinés créent l'histoire.

De quoi se compose-t-elle, en effet, l'histoire, telle que les livres l'écrivent, sinon du long récit des luttes soutenues par l'homme pour créer un idéal, l'adorer, puis le détruire. Et devant la science pure, de tels idéaux ont-ils plus de valeur que les vains mirages créés parla lumière sur les sables mobiles du désert ?

Ce sont pourtant les hallucinés, créateurs ou propagateurs de tels mirages, qui ont le plus profondément transformé le monde. Du fond de leurs tombeaux, ils courbent encore l'âme des races sous le joug de leurs pensées et agissent sur le caractère et la destinée des peuples. Ne méconnaissons pas l'importance de leur rôle, mais n'oublions pas non plus que la tâche qu'ils ont accomplie, ils n'ont réussi à l'accomplir que parce qu'ils ont inconsciemment incarné et exprimé l'idéal de leur race et de leur temps. On ne conduit un peuple qu'en incarnant ses rêves. Moïse a représenté, pour les Juifs, le désir de délivrance qui couvait depuis des années sous leurs fronts d'esclaves lacérés par les fouets égyptiens. Bouddha et Jésus out su entendre les misères infinies de leur temps et traduire en religion le besoin de charité et de pitié qui, à des époques de souffrance universelle, commençaient à se faire jour dans le monde. Mahomet réalisa par l'unité de la croyance l'unité politique d'un peuple divisé en milliers de tribus rivales. Le soldat de génie qui fut Napoléon incarna l'idéal de gloire militaire, de vanité, de propagande, révolutionnaire, qui étaient alors les caractéristiques du peuple qu'il promena pendant quinze ans à travers l'Europe à la poursuite des plus folles aventures.

Ce sont donc en définitive les idées, et par conséquent, ceux qui les incarnent et les propagent, qui mènent le monde. Leur triomphe est assuré dès qu'elles ont pour les défendre des hallucinés et des convaincus. Peu importe, qu'elles soient vraies ou fausses. L'histoire nous prouve même que ce sont les idées les plus chimériques qui ont toujours le mieux fanatisé les hommes et joué le rôle le plus important. C'est au nom des plus décevantes chimères que le monde a été bouleversé jusqu'ici, que des civilisations qui semblaient impérissables ont été détruites, et que d'autres ont été fondées. Ce n'est pas, comme l'assure l'Évangile, le royaume du ciel qui est destiné aux pauvres d'esprit, mais bien celui de la terre, à la seule condition qu'ils possèdent la foi aveugle qui soulève les montagnes. Les philosophes, qui consacrent souvent des siècles à détruire ce que les convaincus ont parfois créé en un jour, doivent s'incliner devant eux. Les convaincus font partie des forces mystérieuses qui régissent le monde. Ils ont déterminé les plus importants des événements dont l'histoire enregistre le cours.

Ils n'ont propagé que des illusions sans doute, mais c'est de ces illusions à la fois redoutables, séduisantes et vaines, que l'humanité a vécu jusqu'ici et sans doute continuera à vivre encore. Ce ne sont que des ombres. Il faut les respecter pourtant. Grâce à elles, nos pères ont connu l'espérance, et dans leur course héroïque et folle à la poursuite de ces ombres, ils nous ont sortis de la barbarie primitive et conduits où nous sommes aujourd'hui. De tous les facteurs du développement des civilisations, les illusions sont peut-être les plus puissants. C'est une illusion qui a fait surgir les pyramides et pendant cinq mille ans hérissé l'Égypte de colosses de pierre. C'est une illusion qui, au moyen âge, a édifié nos gigantesques cathédrales et conduit l'Occident à se précipiter sur l'Orient pour conquérir un tombeau. C'est en poursuivant des illusions qu'ont été fondées des religions qui ont plié la moitié de l'humanité sous leurs lois et qu'ont été édifiés ou détruits les plus vastes empires. Ce n'est pas à la poursuite de la vérité, mais à celle de l'erreur, que l'humanité a dépensé le plus d'efforts. Les buts chimériques qu'elle poursuivait, elle ne pouvait les atteindre ; mais c'est en les poursuivant qu'elle a réalisé tous les progrès qu'elle ne cherchait pas.

# LIVRE V
## LA DISSOCIATION DU CARACTÈRE
## DES RACES ET LEUR DÉCADENCE

### CHAPITRE PREMIER
### COMMENT LES CIVILISATIONS PÂLISSENT
### ET S'ÉTEIGNENT

*Dissolution des espèces psychologiques. — Comment des dispositions héréditaires qui avaient demandé des siècles pour se former peuvent être rapidement perdues. — Il faut toujours un temps très long à un peuple pour s'élever à un haut degré de civilisation et parfois un temps très court pour en descendre. — Le principal facteur de la décadence d'un peuple est l'abaissement de son caractère.— Le mécanisme de la dissolution des civilisations a jusqu'ici été le même pour tous les peuples. — Symptômes de décadence que présentent quelques peuples latins. — Développement de l'égoïsme. — Diminution de l'initiative et de la volonté. — Abaissement du caractère et de la moralité. — La jeunesse actuelle. — Influence probable du socialisme. — Ses dangers et sa force. — Comment il ramènera les civilisations qui le subiront à des formes d'évolution tout à fait barbares. — Peuples où il pourra triompher.*

Pas plus que les espèces anatomiques, les espèces psychologiques ne sont éternelles. Les conditions de milieux qui maintiennent la fixité de leurs caractères ne subsistent pas toujours. Si ces milieux viennent à se modifier, les éléments de constitution mentale, maintenus par leur influence, finissent par subir des transformations régressives qui les conduisent à disparaître. Suivant des lois physiologiques, aussi applicables aux cellules cérébrales qu'aux autres cellules du corps, et qui s'observent chez tous les êtres, les organes mettent infiniment moins de temps à disparaître qu'il ne leur en a fallu pour se former. Tout organe qui ne fonctionne pas cesse bientôt de pouvoir fonctionner. L'œil des poissons qui vivent dans les lacs des cavernes s'atrophie à la longue, et cette atrophie finit par devenir héréditaire. A ne considérer même que la courte durée d'une vie individuelle, un organe qui a demandé peut-être des milliers de siècles pour se former par de lentes adaptations et accumulations héréditaires, arrive à s'atrophier fort rapidement, lorsqu'il cesse d'être mis en action.

La constitution mentale des êtres ne saurait échapper à ces lois physiologiques. La cellule cérébrale qui n'est plus exercée cesse, elle aussi, de fonctionner, et des dispositions mentales qui avaient demandé des siècles pour se former peuvent être promptement perdues. Le courage, l'initiative, l'énergie, l'esprit d'entreprise et diverses qualités de caractère fort longues à acquérir peuvent s'effacer assez rapidement quand elles n'ont plus l'occasion de s'exercer. Ainsi s'explique qu'il faille toujours à un peuple un temps très long pour s'élever à un haut degré de culture, et parfois un temps très court pour tomber dans le gouffre de la décadence.

Quand on examine les causes qui ont conduit successivement à la ruine les peuples divers dont nous entretient l'histoire, qu'il s'agisse des Perses, des Romains, ou de tout autre, on voit que le facteur fondamental de leur chute fut toujours un changement de leur constitution mentale résultant de l'abaissement de leur caractère. Je n'en vois pas un seul qui ait disparu par suite de l'abaissement de son intelligence.

Pour toutes les civilisations passées, le mécanisme de la dissolution a été identique, et identique à ce point que c'est à se demander, comme l'a fait un poète, si l'histoire, qui a tant de livres, n'aurait pas qu'une seule page. Arrivé à ce degré de civilisation et de puissance où, étant sûr de ne plus être attaqué par ses voisins, un peuple commence à jouir des bienfaits de la paix et du bien-être que procurent les richesses, les vertus militaires se perdent, l'excès de civilisation crée de nouveaux besoins, l'égoïsme se développe. N'ayant d'autre idéal que la jouissance hâtive de biens rapidement acquis, les citoyens abandonnent la gestion des affaires publiques à l'État et perdent bientôt toutes les qualités qui avaient fait leur grandeur. Alors des voisins barbares ou demi-barbares, ayant des besoins très faibles mais un idéal très fort, envahissent le peuple trop civilisé, puis forment une nouvelle civilisation avec les débris de celle qu'ils ont renversée. C'est ainsi que, malgré l'organisation formidable des Romains et des Perses, les Barbares détruisirent l'empire des premiers et les Arabes celui des seconds. Ce n'étaient pas certes les qualités de l'intelligence qui manquaient aux peuples envahis.

A ce point de vue aucune comparaison n'était possible entre les conquérants et les vaincus. Ce fut quand elle portait déjà en elle des germes de prochaine décadence, c'est-à-dire sous les premiers empereurs, que Rome compta le plus de beaux esprits, d'artistes, de littérateurs et de savants. Presque toutes les œuvres qui ont fait sa grandeur remontent à cette époque de son histoire. Mais elle avait perdu cet élément fondamental qu'aucun développement de l'intelligence ne saurait remplacer : le caractère [1]. Les Romains des vieux âges avaient des besoins très faibles et un idéal très fort. Cet idéal — la grandeur de Rome — dominait absolument leurs âmes, et chaque citoyen était prêt à y sacrifier sa famille, sa fortune et sa vie. Lorsque Rome fut devenue le pôle de l'univers, la plus riche cité du monde, elle fut envahie par des étrangers venus de toutes parts et auxquels elle finit par donner les droits de citoyen. Ne demandant qu'à jouir de son luxe, ils s'intéressaient fort peu à sa gloire. La grande cité devint alors un immense caravansérail, mais ce ne fut plus Rome. Elle semblait bien vivante encore, mais son âme était morte depuis longtemps.

Des causes analogues de décadence menacent nos civilisations raffinées, mais il s'en ajoute d'autres dues à l'évolution produite dans les esprits par les découvertes scientifiques modernes. La science a renouvelé nos idées et ôté toute autorité à nos conceptions religieuses et sociales. Elle a montré à l'homme la faible place qu'il occupe dans l'univers et l'absolue indifférence de la nature pour lui. Il a vu que ce qu'il appelait liberté n'était que l'ignorance des causes qui l'asservissent, et que, dans l'engrenage des nécessités qui les mènent, la condition naturelle de tous les êtres est d'être asservis. Il a constaté que la nature ignorait ce que nous appelons la pitié, et que tous les progrès réalisés par elle ne l'avaient été que par une sélection impitoyable amenant sans cesse l'écrasement des faibles au profit des forts.

Toutes ces conceptions glaciales et rigides, si contraires à ce que disaient les vieilles croyances qui ont enchanté nos pères, ont produit d'inquiétants conflits dans les âmes. Dans des cerveaux ordinaires, ils ont engendré cet état d'anarchie des idées qui semble la

---

1 « Le mal dont souffrait alors la société romaine, écrit M. Fustel de Coulanges, n'était pas la corruption des mœurs, c'était l'amollissement de la volonté et pour ainsi dire l'énervement du caractère. »

caractéristique de l'homme moderne. Chez la jeunesse artiste et lettrée, ces mêmes conflits ont abouti à une sorte d'indifférence morne, destructive de toute volonté, à une incapacité complète de s'enthousiasmer pour une cause quelconque, et à un culte exclusif d'intérêts immédiats et personnels.

Commentant cette très juste réflexion d'un écrivain moderne que « le sens du relatif domine la pensée contemporaine », un ministre de l'instruction publique proclamait avec une satisfaction évidente dans un discours récent que « la substitution des idées relatives aux notions abstraites dans tous les ordres de la connaissance humaine est la plus grande conquête de la science ». La conquête déclarée nouvelle est en réalité bien vieille. Il y a de longs siècles que la philosophie de l'Inde l'avait accomplie. Ne nous félicitons pas trop de ce qu'elle tend aujourd'hui à se répandre. Le vrai danger pour les sociétés modernes tient précisément à ce que les hommes ont perdu toute confiance dans la valeur des principes sur lesquels elles reposent. Je ne sais pas si l'on pourrait citer depuis l'origine du monde une seule civilisation, une seule institution, une seule croyance qui aient réussi à se maintenir en s'appuyant sur des principes considérés comme n'ayant qu'une valeur relative. Et si l'avenir semble appartenir à ces doctrines socialistes que condamne la raison, c'est justement parce que ce sont les seules dont les apôtres parlent au nom de vérités qu'ils proclament absolues. Les foules se tourneront toujours vers ceux qui lui parleront de vérités absolues et dédaigneront les autres. Pour être homme d'État, il faut savoir pénétrer dans l'âme de la multitude, comprendre ses rêves et abandonner les abstractions philosophiques. Les choses ne changent guère. Seules les idées qu'on s'en fait peuvent changer beaucoup. C'est sur ces idées-là qu'il faut savoir agir.

Sans doute nous ne pouvons connaître du monde réel que des apparences, de simples états de conscience dont la valeur est évidemment relative. Mais quand nous nous plaçons au point de vue social nous pouvons dire que pour un âge donné et pour une société donnée, il y a des conditions d'existence, des lois morales, des institutions qui ont une valeur absolue, puisque cette société ne saurait subsister sans elles. Dès que leur valeur est contestée et que le doute se répand dans les esprits, la société est condamnée à bientôt mourir.

Gustave Le Bon

Ce sont là des vérités que l'on peut enseigner hardiment, car elles ne sont pas de celles qu'aucune science puisse contester. Un langage contraire ne peut qu'engendrer les plus désastreuses conséquences. Le nihilisme philosophique, que des voix autorisées propagent aujourd'hui dans de faibles esprits, les fait immédiatement conclure à l'injustice absolue de notre ordre social, à l'absurdité de toutes les hiérarchies, leur inspire la haine de tout ce qui existe et les mène directement au socialisme et à l'anarchisme. Les hommes d'État modernes sont trop persuadés de l'influence des institutions et trop peu de l'influence des idées. La science leur montre pourtant que les premières sont toujours filles des secondes et n'ont jamais pu subsister sans s'appuyer sur elles. Les idées représentent les ressorts invisibles des choses. Quand elles out disparu, les supports secrets des institutions et des civilisations sont brisés. Ce fut toujours pour un peuple une heure redoutable que celle où ses vieilles idées sont descendues dans la sombre nécropole où reposent les Dieux morts.

Laissant maintenant de côté les causes pour étudier les effets, nous devons reconnaître qu'une visible décadence menace sérieusement la vitalité de la plupart des grandes nations européennes, et notamment de celles dites latines et qui le sont bien en réalité, sinon par le sang, du moins par les traditions et l'éducation. Elles perdent chaque jour leur initiative, leur énergie, leur volonté et leur aptitude à agir. La satisfaction de besoins matériels toujours croissants tend à devenir leur unique idéal. La famille se dissocie, les ressorts sociaux se détendent. Le mécontentement et le malaise s'étendent à toutes les classes, des plus riches aux plus pauvres. Semblable au navire ayant perdu sa boussole et errant à l'aventure au gré des vents, l'homme moderne erre au gré du hasard dans les espaces que les dieux peuplaient jadis et que la science a rendus déserts. Il a perdu la foi et du même coup l'espérance. Devenues impressionnables et mobiles à l'excès, les foules, qu'aucune barrière ne retient plus, semblent condamnées à osciller sans cesse de la plus furieuse anarchie au plus pesant despotisme. On les soulève avec des mots, mais leurs divinités d'un seul jour sont bientôt leurs victimes. En apparence elles semblent souhaiter la liberté avec ardeur ; en réalité elles la repoussent toujours et demandent sans cesse à l'État de leur forger des chaînes. Elles obéissent aveuglément aux plus obscurs sectaires, aux plus bornés despotes. Les rhéteurs qui croient guider les masses, et le plus souvent qui les suivent, confondent l'impatience et la nervosité faisant sans cesse changer de maître avec le véritable esprit d'indépendance, empêchant de supporter aucun maître. L'État, quel que soit le régime nominal, est la divinité vers laquelle se tournent tous les partis. C'est à lui qu'on demande une réglementation et une protection chaque jour plus lourdes, enveloppant les moindres actes de la vie des formalités les plus byzantines et les plus tyranniques. La jeunesse renonce de plus en plus aux carrières demandant du jugement, de l'initiative, de l'énergie, des efforts personnels et de la volonté. Les moindres responsabilités l'épouvantent. Le médiocre horizon des fonctions salariées par l'État lui suffit. Les commerçants ignorent les chemins des colonies et celles-ci ne sont peuplées que par des fonctionnaires [1]. L'énergie et l'action sont remplacées chez les hommes d'État par des discussions personnelles effroyablement vides, chez les foules par des enthousiasmes ou des colères d'un jour, chez les lettrés par une sorte de sentimentalisme larmoyant, impuissant et vague, et de pâles dissertations sur les misères de l'existence. Un égoïsme sans bornes se développe partout. L'individu finit par n'avoir plus d'autre préoccupation que lui-même. Les consciences capitulent, la moralité générale s'abaisse et graduellement s'éteint [2].

1 Dans un discours prononcé à la Chambre des députés le 27 novembre 1890 par M. Étienne, sous-secrétaire d'Etat aux colonies, je relève le très caractéristique passage suivant que j'emprunte au journal le Siècle.
« La Cochinchine comprend 1,800,000 âmes; dans ce total, on compte 1,600 Français dont 1,200 fonctionnaires. Elle est administrée par un conseil colonial élu par ces 1,200 fonctionnaires; elle a un député. Et vous voulez que l'anarchie ne règne pas dans ce pays (Exclamations et rires sur un grand nombre de bancs.)
« ...Eh bien, savez-vous ce que produit un pareil système. Il produit ce phénomène que votre budget réduit à 22 millions est absorbé pour 9 millions par les dépenses des fonctionnaires.
« Oui, en 1877, j'ai essayé de réduire les fonctionnaires; je les ai réduits pour 3,500,000 francs sur 9; j'ai pris cette mesure au mois d'octobre. Or, au mois de décembre, le cabinet dont je faisais partie disparaissait, et, au mois de mars suivant, tous les fonctionnaires licenciés ont reparu. »
2 Cet abaissement de la moralité est grave quand il s'observe dans des professions telles que la magistrature et le notariat, chez lesquelles la probité était jadis aussi générale que le courage chez les militaires. En ce qui concerne le notariat, la moralité est descendue aujourd'hui à un niveau fort bas. Les statisticiens officiels ont constaté « qu'il y a dans le notariat une proportion de 43 acensés sur 10,000 individus, alors que la moyenne pour l'ensemble de la population de la France est

L'homme perd tout empire sur lui-même. Il ne sait plus se dominer ; et qui ne sait se dominer est condamné bientôt à être dominé
par d'autres.

Changer tout cela serait une lourde tâche. Il faudrait changer tout
d'abord notre lamentable éducation latine. Elle dépouille de toute
initiative et de toute énergie ceux à qui l'hérédité en aurait laissé encore. Elle éteint toute lueur d'indépendance intellectuelle en
donnant pour seul idéal à la jeunesse d'odieux concours qui, ne
demandant que des efforts de mémoire, ont pour résultat final de
placer à la tête de toutes les carrières les cerveaux que leur aptitude
servile à l'imitation rend précisément les plus incapables d'indivi-
dualité et d'efforts personnels. « Je tâche de couler du fer dans l'âme
des enfants, » disait un instituteur anglais à Guizot qui visitait les
écoles de la Grande-Bretagne. Où sont chez les nations latines les
instituteurs et les programmes qui puissent réaliser un tel rêve ?
Le régime militaire le réalisera peut-être. Il est en tous cas le seul
éducateur qui le puisse réaliser. Pour les peuples qui s'affaissent,
une des principales conditions de relèvement est l'organisation
d'un service militaire universel très dur et la menace permanente
de guerres désastreuses.

---

de *un* accusé pour le même nombre d'individus ». Dans un rapport du garde des
sceaux au Président de la République, publié par l'*Officiel* le 31 janvier 1890, je
trouve le passage suivant : « Les désastres qui, dès 1840, avaient commencé à jeter l'inquiétude dans le public, s'accrurent progressivement à ce point qu'en 1876
un de mes prédécesseurs dut appeler spécialement l'attention des magistrats du
parquet sur la situation du notariat. Les destitutions et les catastrophes notariales
se reproduisaient avec un caractère de gravité et le fréquence inaccoutumé. Le
chiffre des sinistres s'élevait successivement de 31 en 1882; à 41 en 1883; à 54 en
1884; à 71 en 1886. et le total des détournements commis par les notaires repré-
sentait plus de 62 millions pour la période comprise en 1880 et 1886. En 1889,
enfin, 103 notaires ont dû être, destitués ou contraints de céder leur étude. » Si
l'on rapproche de ces faits la chute successive de nos, plus grandes entreprises fi-
nancières (*Comptoir d'escompte, Dépôts et comptes courants, Panama*, etc.), il faut
bien reconnaître que les invectives des socialistes contre la moralité des classes dirigeantes ne sont pas sans fondement. Les mêmes symptômes de démoralisation
profonde s'observent malheureusement chez tous les peuples latins. Le scandale
des banques d'Etat italiennes où le vol se pratiquait sur une immense échelle par
les hommes politiques les plus haut placés, la faillite du Portugal, la misérable
situation financière de l'Espagne et de l'Italie, la décadence profonde des républiques latines de l'Amérique, prouvent que le caractère et la moralité de certains
peuples ont reçu d'incurables atteintes et que leur rôle dans le monde est bien
près d'être terminé.

LA DISSOCIATION DU CARACTÈRE DES RACES ET LEUR DÉCADENCE

C'est à cet abaissement général du caractère, à l'impuissance des citoyens à se gouverner eux-mêmes, et à leur égoïste indifférence qu'est due surtout la difficulté qu'éprouvent la plupart des peuples latins à vivre sous des lois libérales aussi éloignées du despotisme que de l'anarchie. Que de telles lois soient peu sympathiques aux foules, on le comprend aisément, car le césarisme leur promet, sinon la liberté dont elles ne se soucient guère, au moins une égalité très grande dans la servitude. Que ce soit, au contraire, des couches éclairées que les institutions républicaines aient le plus de peine à se faire accepter, voilà ce qu'on ne comprendrait pas si l'on ne se rendait compte du poids des influences ancestrales. N'est-ce pas avec de telles institutions que toutes les supériorités, celle de l'intelligence surtout, ont le plus de chance de pouvoir se manifester ? On pourrait même dire que le seul inconvénient réel de ces institutions, pour les égalitaires à tout prix, est de permettre la formation d'aristocraties intellectuelles puissantes. Le plus oppressif des régimes, aussi bien pour le caractère que pour l'intelligence, est au contraire le césarisme sous ses diverses formes. Il n'a pour lui que d'amener facilement l'égalité dans la bassesse, l'humilité dans la servitude. Il est très adapté aux besoins inférieurs des peuples en décadence, et c'est pourquoi, dès qu'ils le peuvent, ils y reviennent toujours. Le premier panache venu d'un général quelconque les y ramène. Quand un peuple en est là, son heure est venue, les temps sont accomplis pour lui.

Il subit actuellement une évolution manifeste, ce césarisme des vieux âges que l'histoire a toujours vu apparaître dans les civilisations à leur extrême aurore et à leur extrême décadence. Nous le voyons renaître aujourd'hui sous le nom de socialisme. Cette nouvelle expression de l'absolutisme de l'État sera sûrement la plus dure des formes du césarisme, parce qu'étant impersonnelle, elle échappera à tous les motifs de crainte qui retiennent les pires tyrans.

Le socialisme paraît être aujourd'hui le plus grave des dangers qui menacent les peuples européens. Il achèvera sans doute une décadence que bien des causes préparent, et marquera peut-être la fin des civilisations de l'Occident.

Pour comprendre ses dangers et sa force, il ne faut pas envisager les enseignements qu'il répand, mais bien les dévouements qu'il inspire. Le socialisme constituera bientôt la croyance nouvelle de cette foule immense de déshérités auxquels les conditions économiques de la civilisation actuelle créent fatalement une existence souvent très dure. Il sera la religion nouvelle qui peuplera les cieux vides. Cette religion remplacera, pour tous les êtres qui ne sauraient supporter la misère sans illusion, les lumineux paradis que leur faisaient jadis entrevoir les vitraux de leurs églises. Cette grande entité religieuse de demain voit s'accroître chaque jour la foule de ses croyants. Elle aura bientôt ses martyrs. Et alors elle deviendra un de ces credo religieux qui soulèvent les peuples et dont la puissance sur les âmes est absolue.

Que les dogmes du socialisme conduisent à un régime de bas esclavage qui détruira toute initiative et toute indépendance dans les âmes pliées sous son empire, cela est évident, sans doute, mais seulement pour les psychologues connaissant les conditions d'existence des hommes. De telles prévisions sont inaccessibles aux foules. Il faut d'autres arguments pour les persuader, et ces arguments n'ont jamais été tirés du domaine de la raison.

Que les dogmes nouveaux que nous voyons naître soient contraires au plus élémentaire bon sens, cela est évident encore. Mais les dogmes religieux qui nous ont conduits pendant tant de siècles n'étaient-ils pas, eux aussi, contraires au bon sens, et cela les a-t-il empêchés de courber les plus lumineux génies sous leurs lois ? En matière de croyances, l'homme n'écoute que la voix inconsciente de ses sentiments. Ils forment un obscur domaine d'où la raison a toujours été exclue.

Donc et par le fait seul de la constitution mentale qu'un long passé leur a créée, les peuples de l'Europe vont être obligés de subir la redoutable phase du socialisme. Il marquera une des dernières étapes de la décadence. En ramenant la civilisation à des formes d'évolution tout à fait inférieures, il rendra faciles les invasions destructrices qui nous menacent.

En dehors de la Russie, dont les populations sont au point de vue psychologique beaucoup plus asiatiques qu'européennes, on ne voit guère en Europe que l'Angleterre dont la race possède une énergie assez grande, des croyances assez stables, un caractère assez indépendant pour se soustraire pendant quelque temps encore à la religion nouvelle que nous voyons éclore. L'Allemagne moderne, malgré de trompeuses apparences de prospérité, en sera sans doute la première victime, à en juger par le succès des diverses sectes qui y pullulent. Le socialisme qui la ruinera sera sans doute revêtu de formules scientifiques rigides, bonnes tout au plus pour une société idéale que l'humanité ne produira jamais, mais ce dernier fils de la raison pure sera plus intolérant et plus redoutable que tous ses aînés. Aucun peuple n'est aussi bien préparé que l'Allemagne à le subir. Aucun n'a plus perdu aujourd'hui l'initiative, l'indépendance et l'habitude de se gouverner [1].

Quant à la Russie, elle est trop récemment et trop incomplètement sortie du régime du *mir*, c'est-à-dire du communisme primitif, la plus parfaite forme du socialisme, pour songer à retourner à cette étape inférieure d'évolution. Elle a d'autres destinées. C'est elle sans doute qui fournira un jour l'irrésistible flot de barbares destiné à détruire les vieilles civilisations de l'occident, dont les luttes économiques et le socialisme auront préparé la fin.

Mais cette heure n'est pas venue encore. Quelques étapes nous en séparent. Le socialisme sera un régime trop oppressif pour pouvoir durer. Il fera regretter l'âge de Tibère et de Caligula et ramènera cet âge. On se demande quelquefois comment les Romains du temps des empereurs supportaient si facilement les férocités furieuses de tels despotes. C'est qu'eux aussi avaient passé par les luttes sociales, les guerres civiles, les proscriptions et y avaient perdu leur caractère. Ils en étaient arrivés à considérer ces tyrans comme leurs derniers instruments de salut. On leur passa tout parce qu'on ne savait comment les remplacer. On ne les remplaça pas en effet. Après eux, ce fut l'écrasement final sous le pied des barbares, la fin du monde. L'histoire tourne toujours dans le même cercle.

---

1 Les écrivains allemands les plus éminente sont parfaitement d'accord sur ce point. Dans son livre récent sur la *Question sociale*, M. T. Ziegler, professeur à l'université de Strasbourg, s'exprime de la façon suivante :
« Si le *Self-help* est la tendance dominante de l'Angleterre, le recours à l'Etat est la caractéristique de l'Allemagne. Nous sommes un peuple mis en tutelle depuis des siècles. De plus, pendant les vingt dernières années, la forte main de Bismarck, en nous assurant la sécurité, nous a fait perdre le sentiment de la responsabilité et de l'initiative. C'est pour cela que dans les cas difficiles et, même faciles, nous en appelons à l'aide et à la police de l'État et que nous abandonnons tout à son initiative. »

Gustave Le Bon

# CHAPITRE II
## CONCLUSIONS GÉNÉRALES

Nous avons déjà fait observer, dans l'*Introduction* de cet ouvrage, qu'il n'était qu'un court résumé, une sorte de synthèse des volumes que nous avons consacrés à l'histoire des civilisations. Chacun des chapitres qui le composent doit être considéré comme la conclusion de travaux antérieurs, il est donc bien difficile de condenser encore des idées déjà si condensées. Je vais essayer cependant, pour les lecteurs dont le temps est précieux, de présenter sous forme de propositions très brèves les principes fondamentaux qui représentent la philosophie de cet ouvrage.

— Une race possède des caractères psychologiques presque aussi fixes que ses caractères physiques. Comme l'espèce anatomique, l'espèce psychologique ne se transforme qu'après des accumulations d'âges.

— Aux caractères psychologiques fixes et héréditaires, dont l'association forme la constitution mentale d'une race, s'ajoutent, comme chez toutes les espèces anatomiques, des éléments accessoires créés par diverses modifications des milieux. Renouvelés sans cesse, ils permettent à la race une variabilité apparente assez étendue.

— La constitution mentale d'une race représente non seulement la synthèse des êtres vivants qui la composent, mais surtout celle de tous les ancêtres qui ont contribué à la former. Ce ne sont pas les vivants, mais les morts, qui jouent le rôle prépondérant dans l'existence d'un peuple. Ils sont les créateurs de sa morale et des mobiles inconscients de sa conduite.

— Les différences anatomiques très grandes qui séparent les diverses races humaines s'accompagnent de différences psychologiques non moins considérables. Quand on ne compare entre elles que les moyennes de chaque race, les différences mentales paraissent souvent assez faibles. Elles deviennent immenses aussitôt qu'on fait porter la comparaison sur les éléments les plus élevés de chaque race. On constate alors que ce qui différencie surtout les races supérieures des races inférieures, c'est que les premières possèdent un certain nombre de cerveaux très développés, alors que les autres n'en possèdent pas.

— Les individus qui composent les races inférieures présentent entre eux une égalité manifeste. A mesure que les races s'élèvent sur l'échelle de la civilisation, leurs membres tendent à se différencier de plus en plus. L'effet inévitable de la civilisation est de différencier les individus et les races. Ce n'est donc pas vers l'égalité que marchent les peuples, mais vers une inégalité croissante.

— La vie d'un peuple et toutes les manifestations de sa civilisation sont le simple reflet de son âme, les signes visibles d'une chose invisible, mais très réelle. Les événements extérieurs ne sont que la surface apparente de la trame cachée qui les détermine.

— Ce n'est pas le hasard, ni les circonstances extérieures, ni surtout les institutions politiques qui jouent le rôle fondamental dans l'histoire d'un peuple. C'est surtout son caractère qui crée sa destinée.

— Les divers éléments de la civilisation d'un peuple n'étant que les signes extérieurs de sa constitution mentale, l'expression de certains modes de sentir et de penser spéciaux à ce peuple, ne sauraient se transmettre sans changement à des peuples de constitution mentale différente. Ce qui peut se transmettre, ce sont seulement des formes extérieures, superficielles et sans importance.

— Les différences profondes qui existent entre la constitution mentale des divers peuples ont pour conséquence de leur faire percevoir le monde extérieur de façons très dissemblables. Il en résulte qu'ils sentent, raisonnent et agissent de façons fort différentes et se trouvent par conséquent en dissentiment sur toutes les questions dès qu'ils sont en contact. La plupart des guerres qui remplissent l'histoire sont nées de ces dissentiments. Guerres de conquêtes, guerres de religions, guerres de dynasties, ont toujours été en réalité des guerres de races.

— Une agglomération d'hommes d'origines différentes n'arrive à former une race, c'est-à-dire à posséder une âme collective, que lorsque, par des croisements répétés pendant des siècles et une existence semblable dans des milieux identiques, elle a acquis des sentiments communs, des intérêts communs, des croyances communes.

Gustave Le Bon

— Chez les peuples civilisés, il n'y a plus guère de races naturelles, mais seulement des races artificielles créées par des conditions historiques.

— Les changements de milieux n'agissent profondément que sur les races nouvelles, c'est-à-dire sur les mélanges d'anciennes races dont les croisements ont dissocié les caractères ancestraux. L'hérédité seule est assez puissante pour lutter contre l'hérédité. Sur les races chez qui ces croisements ne sont pas venus détruire la fixité des caractères, les changements de milieu n'ont qu'une action purement destructive. Une race ancienne périt plutôt que de subir les transformations que nécessite l'adaptation à des milieux nouveaux.

— L'acquisition d'une âme collective solidement constituée marque pour un peuple l'apogée de sa grandeur. La dissociation de cette âme marque toujours l'heure de sa décadence. L'intervention d'éléments étrangers constitue un des plus sûrs moyens d'arriver a cette dissociation.

— Les espèces psychologiques subissent, comme les espèces anatomiques, les effets du temps. Elles sont également condamnées à vieillir et à s'éteindre. Toujours très lentes à se former, elles peuvent au contraire rapidement disparaître. Il suffit de troubler profondément le fonctionnement de leurs organes pour leur faire subir des transformations régressives dont la conséquence est une destruction souvent très prompte. Les peuples mettent de longs siècles pour acquérir une certaine constitution mentale et ils la perdent parfois en un temps très court. Le chemin ascendant qui les conduit à un haut degré de civilisation est toujours très long, la pente qui les mène à la décadence est le plus souvent fort rapide.

— A côté du caractère, on doit placer les idées comme un des facteurs principaux de l'évolution d'une civilisation. Elles n'agissent que lorsque, après une évolution très lente, elles se sont transformées en sentiments et font par conséquent partie du caractère. Elles échappent alors à l'influence du raisonnement et mettent un temps fort long à disparaître. Chaque civilisation dérive d'un petit nombre d'idées fondamentales universellement acceptées.

— Parmi les plus importantes des idées directrices d'une civilisation se trouvent les idées religieuses. C'est de la variation des croyances religieuses que sont indirectement sortis la plupart des événements historiques.L'histoire de l'humanité a toujours été parallèle à celle de ses dieux. Ces fils de nos rêves ont une telle puissance que leur nom même ne peut changer sans que le monde soit aussitôt bouleversé. La naissance de dieux nouveaux a toujours marqué l'aurore d'une civilisation nouvelle, et leur disparition a toujours marqué son déclin.

ISBN : 978-1514811979

Gustave Le Bon

www.ingramcontent.com/pod-product-compliance
Lightning Source LLC
Chambersburg PA
CBHW071048290526
45795CB00004B/1390